日本語の統語的原理
―「収束」と「展開」―

荘司 育子 著

大阪大学出版会

目　　次

序　章 ・・・・・・・・・・・・・・・・・・・・・・・・・・5

　はじめに・・・・・・・・・・・・・・・・・・・・・・・・・・・・・・・・・・・・・5
　本研究の目的 ・・・・・・・・・・・・・・・・・・・・・・・・・・・・・・・10

第1章　統語的関係を表す概念 ・・・・・・・・・・・・・・17

　1．機能語・・・・・・・・・・・・・・・・・・・・・・・・・・・・・・・・・・・17
　　1－1．「自立語」に対する「付属語」　21
　　1－2．「語彙範疇」に対する「機能範疇」　24
　　1－3．機能語の特質　26
　2．文の構成観 ・・・・・・・・・・・・・・・・・・・・・・・・・・・・・・・33
　　2－1．「詞」と「辞」「てにをは」　33
　　2－2．「陳述」　37
　　2－3．「入子型構造形式」　39
　　2－4．「構文的職能」　42
　　2－5．係り受け　47
　3．「収束」「展開」という概念 ・・・・・・・・・・・・・・・・・・・53
　　3－1．統語的関係を表す基盤概念　54
　　3－2．統語的関係を表すための説明原理　57
　　3－3．統語的原理と言語観　60

第 2 章　日本語における補文化辞・・・・・・・・・・・・・63

1．補文化辞の再定義・・・・・・・・・・・・・・・・・・・・・・・・・・・・・・・・64

2．形式名詞・・・・・・・・・・・・・・・・・・・・・・・・・・・・・・・・・・・・・・・70
2 － 1．名詞と形式名詞　71
2 － 2．形式名詞の統語的特徴　72

3．準体法に関する表現・・・・・・・・・・・・・・・・・・・・・・・・・・・・・・77

4．疑問の助詞「か」・・・・・・・・・・・・・・・・・・・・・・・・・・・・・・・・87

5．引用の助詞「と」・・・・・・・・・・・・・・・・・・・・・・・・・・・・・・・・92

6．接続助詞・・・・・・・・・・・・・・・・・・・・・・・・・・・・・・・・・・・・・・・93

7．副助詞・・・97

第 3 章　「収束」と「展開」・・・・・・・・・・・・・・・・・103

1．「収束力」と「展開力」・・・・・・・・・・・・・・・・・・・・・・・・・104
1 － 1．「収束力」《高》・「展開力」《高》　116
1 － 2．「収束力」《高》・「展開力」《低》　122
1 － 3．「収束力」《低》・「展開力」《高》　126
1 － 4．「収束力」《低》・「展開力」《低》　129
1 － 5．総まとめ　132

2．文法化・・・・・・・・・・・・・・・・・・・・・・・・・・・・・・・・・・・・・・・134
2 － 1．形式名詞の助動詞化　135
2 － 2．「か」「と」の終助詞化　140
2 － 3．格助詞、接続助詞の終助詞化　145

3．機能語間での「収束」と「展開」・・・・・・・・・・・・・・・・・・・・・・・150
　　　3－1．副助詞　　151
　　　3－2．間投助詞　　156
　　　3－3．「の」「のか」「かと」「とか」　　159

終　章・・・・・・・・・・・・・・・・・・・・・・・・・・・・・・・・・・・・・・171

　　論点のまとめ・・・・・・・・・・・・・・・・・・・・・・・・・・・・・・・・171

　　希望的観測・・・・・・・・・・・・・・・・・・・・・・・・・・・・・・・・・174

　　結びにかえて・・・・・・・・・・・・・・・・・・・・・・・・・・・・・・・184

引用文献一覧・・・・・・・・・・・・・・・・・・・・・・・・189
あとがき・・・・・・・・・・・・・・・・・・・・・195

序　章

はじめに

　言葉は、ヒトによって生み出される。言葉について明らかにしようとするならば、言葉の源であるヒトについて解明しなければならないであろう。しかし、ヒトというのは、一人一人が世界に唯一という存在で、その数は無数にあり、一人一人顔形や性格も異なっている。そしてさらに、ヒトから発せられる言葉、すなわち、あるまとまった概念を表す文や文章もまた、世界に唯一という存在のものである。ある人によって語られた一連の発話や書かれた文章が、他のどこかにいる誰かによって、それと全く同じ形で発せられる、ということは、まず起こりえないであろう。したがって、ヒトの数と同じくらい、その言葉の数もまた、無限にあると言える。

　しかしながら、一つの「文」という単位に着目したとき、その構成要素は分析が可能であり、類別することができる。19世紀後半に「近代言語学の父」とも呼ばれるソシュール（Ferdinand de Saussure, 1857-1913）が言葉そのものについて、その存在意義とあり方を明示して以来、言葉に対する分析的視点は、今日までにほぼ確立するに至った。また、日本における日本語の分析的視点についても、ヨー

ロッパにおける事情と同様に、「文献学」としては古くよりその痕跡が見られる。ただ、日本語の場合は、ラテン語などのように、文献に見える言葉を解読するために分析するというのではなく、当時まさに使用していた言葉そのものについても分析を与えようとしたのではないかと考えられる。たとえば、文字をもっていなかった日本語に、中国語の体系をなす漢字を取り入れたり、中世歌学で「てにをは」の修辞的技法を説いたりする際には、いやが上にも言語形式の単位や種類、それらの表す機能といったことが、当時の人達の意識にのぼったであろう。

　そのような日本語の歴史を思うとき、日本語では、古代より言葉を対象化させて、客観的に顧みるような状況がしばしばあったのではないかと想像できる。このような点から見れば、日本語では既に古代から「文献学」ではなく、後の「言語学」寄りの言葉の分析的視点があったとも言えるのではないだろうか。

　日本語は、その表記において、世界の諸言語の中でも極めて特異な歴史と特徴をもっている。日本語の文字として中国語の文字（漢字）を取り入れ、一つの内容を書き表すために、中国語を漢文訓読することで読み書きをしのいだ時期があった。そしてやがては、万葉仮名を経て、平仮名、片仮名が普及するようになったことで、日本語をより日本語らしく書くことができるようになった。そして、現代日本語では、漢字、平仮名、片仮名、ローマ字の四種の文字が規則や慣例に従って使い分けられている。しかし、現代語でもなお「どの文字を使って表記すべきか」は、実は日常的に問題となることが珍しくない。「よろしく！」と書くべきか「ヨロシク！」と書くべきか、また、「あげる」は「上」「挙」「揚」のどれを用いるのか等々、その都度その都度、選択に迷いながら日本語を書いている。ものを書く際に、極

めて日常的なレベルで表記の仕方そのものに悩むという状況は、大多数の世界の諸言語には見られないことなのではないだろうか。

　日本語は、「漢字仮名交じり文」であり、表意文字と表音文字を交ぜて書く言語である。現代語に関する限り、表意文字と表音文字を織り交ぜて書くといった方法は、世界の諸言語の中でも極めて珍しいものだと言える。表意文字である漢字に加え、表音文字の平仮名、片仮名が誕生することによって、ある概念をもった言語形式は、表意文字で書き表すべきか、あるいは表音文字で書き表すべきかという選択に迫られることになる。このようにして、表記の側面においても、日本語では、古くより言語形式の種別化を意識せずにはいられなかったのではないだろうか。

　やがて、言語形式の種別化は、「詞」と「辞」（「てにをは」）に代表されるように、大きく二つの範疇に分けられることになる。中世にも既に見られるこの二分法は、その定義こそ確たるものはないと言わざるをえないが、近代以降の言語学における分析的視点から推測すれば、ほぼ実質語（内容語）と機能語（形式語）に該当すると考えられる。つまり、「詞」は実質語に、「辞」は機能語にほぼ該当すると言ってもよいであろう。実質語というのは、「山」「歩く」「美しい」といった名詞や動詞、形容詞などのように、具体的事物あるいは実態としてのイメージが喚起される語のことである。そして機能語とは、「は」「が」などの助詞に代表されるように、それ自体に何か実態としてのイメージがあるというものではなく、もっぱら言語構成上の関係を表す語のことである。

　ヒトは、一体どのようなことが契機となって言葉を発するようになったのかと推測するとき、まずは、発話時における、話し手自身の

事象、あるいは話し手の眼前にある事象が、その対象となっていたのではないだろうか。もしそうならば、このような段階で必要となる最低限の言語形式は、「詞」すなわち実質語の類だけでよかったのではないかと思われる。それは、たとえば「私、水、欲しい。」のように、実体概念が容易に喚起できる実質語の類を単発的に述べ立てるようなものである。このような状況は、いわば、かたことの外国語で単語だけを並べて、意思疎通をはかろうとするようなものにも似ているかもしれない。そして、このように、発話時における、話し手自身の事象、あるいは話し手の眼前にある事象を表す場面である限りにおいては、実質語の類だけでもとりあえずの伝達目的ぐらいは、果たすことができたであろう。

ところが、「発話時」とは限らず、「話し手以外の人物」までが関与し、「眼前にはない」事象が、発話の対象としてその射程内に入ってくるとどうなるであろうか。たとえば、水を欲しがっているのは「私」ではなく別のところにいる人物であり、また、その人物は「今」それを欲しがっているのではなく、「過去」においてそのような状態にあった、というような場合である。話の中に、登場人物が多数出てくれば、それだけでも、それぞれの役割を区別して表さなければならなくなるであろう。

おそらく、このような事態に臨むことによって、「辞」すなわち機能語の類が、より必要となってくるのではないかと考えられる。つまり、機能語の類によって初めて、事象を明示的に表し分けたり、文明化したヒトの複雑な思考を表すことができるようになるのである。したがって、機能語の類というのは、ヒトが営む思考とより深く結びついた言語形式であるために、極めて抽象的な概念であると言わざるをえない。

序　章

　言葉の分析的視点の一つである統語論（構文論）は、言葉の統語的関係を明らかにしようとする部門である。統語的関係とは、まさに機能語の類が必要となる段階に臨む事態に対して、機能語が実質語との間でどのような働きをしているのか、すなわち、実質語と機能語との関係づけを指すものであると考える。つまり、機能語の類によって、言語形式と言語形式との関係が、より明示的に、より論理的に示されるのである。統語とは、そのように整えられた結果から推し量れる、言語形式と言語形式の間の「切れ続き」の関係のことであり、また、その「切れ続き」の関係を体系化したものである。

　言語形式と言語形式を切ったり繋いだりするときに、積極的に働く語群は、機能語の類である。たとえば、「春<u>が</u>　来る<u>と</u>　暖かい　<u>しかし</u>　夏<u>が</u>　来れ<u>ば</u>　暑くなる」というような言語形式が並んでいるとき、下線部は、その前後に承接する言語形式に対して、何かしらの「切れ続き」のサインを出している。「春が」「夏が」の「が」は、その後に「何がどうした」の「どうした」に当たる述語が期待されるように、「続き」があることのサインを出しており、また、「来る<u>と</u>」「来れ<u>ば</u>」の「と」「ば」は、その後にどのような新たな展開が起こるのかが期待される「続き」をほのめかしている。また、「しかし」という言語形式は、その存在により、「しかし」の前でひとしきり「切れ」ていることがわかり、またその後に新たな内容の「続き」を予測させる。

　このように、下線部の機能語の類（格助詞の「が」、接続助詞の「と」「ば」、接続詞の「しかし」）は、その前後にある言語形式の間に、「切れ続き」を起こし、相応の論理的関係を示す。また、「切る」や「繋ぐ」という表現にも現れているように、このような機能語の類による一連の関係は、「動的な働き」である。つまり、機能語の類は、文の構築に際して、「それ自らが」何らかの作用を起こす原動力を

もっているのである。そうすると、もし、機能語の類にそのような「切れ続き」を起こす原動力が備わっているのだとすれば、それは、いわば統語的原理のようなものとして、見いだすことができるのではないだろうか。そして、そのような統語的原理をもって、機能語の類から日本語のさまざまな言語現象を眺めてみると、従来はそれぞれの言語形式に特有の、別の語性だとして認識されていたものが、一連の繋がりをもって見えるようになるのではないかと思われる。

そもそも「統語」とは何であるのか。本書は、その分析的視点をあらためて問い直し、それに一つの答えを出そうと試みた論考である。

本研究の目的

日本語の統語について描くためには、実質的な意味をもたず、言語形式と言語形式の「切れ続き」に最も特化して働いていると考えられる機能語の類にまず着目するのが妥当であろう。言葉は、言語形式と言語形式が横一線に並んでいるだけでは、単に一つ一つの事象や概念が単発的に発せられているだけである。しかし、そこに機能語の類が介在することで、より大きな言葉の単位の「まとまり」になろうとしたり、また一方で、他の「まとまり」に対して関係性を構築しようというような構図が生まれるのではないかと考えられる。

言葉は、このように機能語の類によって、「内向きに働く力」と「外向きに働く力」が互いに拮抗することによって成り立っているのではないかと考えられる。「内向きに働く力」とは、端的に言えば、一つにまとまろうとする力のことである。つまり、当該言語形式が自らの範疇を確立しようとする力のことであり、全体として一つの「名詞句」となったり、全体として述語に対する一つの「主体」となった

りする過程に働く力である。また、「外向きに働く力」とは、当該言語形式が他の言語形式に対して、何らかの関係性を求めようとする力のことであり、たとえば、格助詞「が」を伴う「留学生が」が、その後に続く述語に向かって係っていこうとするものを指す。

(例)　日本語を学ぶ留学生　が　いる。

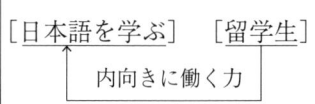
全体として「日本語を学ぶ留学生」という一つの「名詞句」になる。

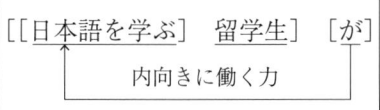
全体として「日本語を学ぶ留学生が」という、述語「いる」に対する一つの「主体」になる。

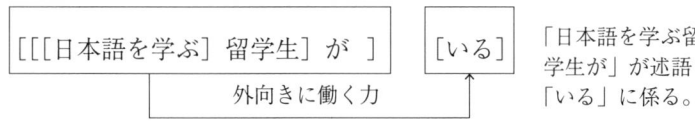
「日本語を学ぶ留学生が」が述語「いる」に係る。

　このような「内向きに働く力」と「外向きに働く力」という構図は、語、句、文、文章といったような、言葉のミクロの世界からマクロの世界に至るまで、どのレベルの断面を取っても同じように見られるのではないかと思われる。そして、言葉というものは、言語形式が「内向きに働く力」と「外向きに働く力」による伸縮運動を重ねることによって生み出され、より小さな単位から大きな単位へと形成されるのである。

　本研究では、日本語を支える統語的な仕組みを、概ね以上に述べたようなイメージでとらえており、そのような言語観をより具体的に検

証することが、本研究の大きな目的となっている。

　そこで、まずはこれまでの先行研究の中で、統語的概念（文法概念）として挙げられていたものをあらためて検証するところから始める。個別具体的に描かれてきたそれらの統語的概念は、一見するとそれぞれに異なる内容を表しているように見えるであろう。しかし、日本語の統語的原理の存在を念頭に置いてそれらを眺めて見ると、決して「異なる内容」を表しているわけではないように思われる。そういった意味でも、先行研究において提唱されてきたさまざまな統語的概念は、実は、本書で提案する統語的原理によって説明できるものとして、一般化できることを示したい。

　いわゆる機能語の類を考察対象にしようとした場合、まず問題となるのは、そもそも機能語とはどのような語群であるのかという点である。一般に通用している伝統的な日本語の品詞論の枠組みでは、ある品詞は「一つの語」であることが前提となっており、さらに、その品詞分類は、統語的な特徴以外の要素も考慮されたものとなっている。しかし、分かち書き（たとえば英語のように単語と単語の間にスペースを設けて書くような書き方）をしない日本語では、ある言語形式が「一つの語」であるとする認定は、おおよその目安として行うことはできても、客観的に認められるような、確たる基準があるわけではない。また、便宜上、「機能語」は、「語」という単位を用いているが、本書におけるねらいからすれば、それは必ずしも「語」という単位である必要はない。大切なのは、もっぱら統語的関係を担うものがあり、それは、どのような言語形式に現れているのかということである。そして、それは必ずしも「語」という単位で括られるものではないことから、その言語形式は、既存の品詞論の枠組みでは言い表すこ

とはできないということになる。したがって、統語的原理を検証するうえでは、「機能語に相当する語は○○詞である」として、機能語を既存の品詞に単純に置き換えることはできない。そうすると、ある言語形式が機能語の類であるかどうかを検証するためには、統語的な特徴を浮かび上がらせるための、何か仕掛けのようなものが必要となってくる。

　そこで、機能語であると認定するための試験紙として用いることになるのが、まさに統語的な特徴のみで描かれている概念「補文化辞」（補文標識）である。

　「補文化辞」は、元は生成文法の枠組みにおいて、英語の統語構造を描くのに用いられていた概念であり、その概念設定は、これまでの伝統的な日本語の統語論には全く見られなかったものである。生成文法では、言葉の構造を描くのに必要な単位として「範疇」を設定し、それを語彙的なものとそうでないものとに二分している。語彙的な範疇というのは、実質的な意味をもった語群に相当するもので、たとえば、名詞や動詞といったものが該当する。一方、非語彙的な範疇というのは、実質的な意味をもっていない要素のことである。たとえば、'He plays the piano.' では、主語が三人称単数であることによって動詞に 's' が付くが、このように表れる 's' は「屈折要素」で、非語彙的な範疇の一つに挙げられる。

　そのような非語彙的な範疇の一つとして、「補文化辞」（補文標識）があるのであるが、これは、英語では、たとえば、'I think that he is honest.' の 'that' がこれに相当する。'that' は、「補文 'he is honest' を導く標識」として見られることから、名詞や動詞のような実質的な意味をもった語群とは一線を画すことができ、いわば、文を

構成するための、もっぱら統語的にしか機能しない要素だと考えることができる。

　このように、統語的な特徴のみをもつ概念「補文化辞」を、日本語の構文に援用することによって、もし、日本語のある言語形式が、「補文化辞」に相当することが確認できれば、その言語形式は、少なくとも機能語の類であると認めることができる。そして、そのようにして取り出された機能語の類のあり方にこそ、まずは統語的原理が見いだされるに違いないであろう。

　しかし、ここで問題となるのは、日本語における「補文化辞」とはどのような言語形式がそれに該当するのかという点である。これまでにも、生成文法の枠組みにおける先行研究では、引用の助詞「と」などを筆頭に、一応の目安となるものはあった。しかし、なぜ日本語ではそれが「補文化辞」であるのかと言えば、管見では、英語における「補文化辞」の日本語訳に相当する語であるから、ということのようである。

　そこで本書の第2章では、日本語における「補文化辞」について検討し直すことにした。そもそも「補文化辞」とはどのような内容をもつ概念なのかという意義に立ち返り、それを咀嚼し、日本語の中にあらためて位置付けてみようと思う。そして、日本語における「補文化辞」を再定義したのちに、あらためて伝統的な日本語の品詞論における語群と重ね合わせてみると、同じ品詞に属する言語形式であっても、「補文化辞」に相当するものと、そうでないものがあることがわかるであろう。また、あるいは、別の品詞に属する言語形式が、同じ「補文化辞」であるとして、統語的には同じ関係に位置付けられるようなことも起こってくることが予想される。

　たとえば、「本を読むこと」の「こと」は、品詞分類上は名詞の一

種である。仮に「こと」は「補文化辞」であったとしよう。そうすると、すべての名詞が「補文化辞」に相当するかと言えば、そうではないことは容易に想像がつくであろう。つまり、同じ名詞の類でも、「補文化辞」であるものとそうでないものに区別されるというわけである。また、「学校へ行くと言った」の「と」は、品詞分類上は助詞の一種である。「と」も「補文化辞」であるとすれば、名詞である「こと」も助詞である「と」も同じ「補文化辞」に属するということになり、名詞と助詞という別の品詞に属する言語形式が、統語的には同じ種類のものだということになるわけである。

　ある言語形式が「補文化辞」に該当するかどうかが、もし、統語的関係を表す特徴の差から見いだすことができれば、機能語の類がもつ統語的原理の内実がより具体的に示されるのではないかと思われる。さらに、「補文化辞」を含むすべての機能語の類は、一様にある統語的原理に支えられていると考えることによって、これまで、別の言語現象として、あるいは別の語や形態としてとらえられていたものが、実は、統語上は同じ俎上に載るものであることに気づくのではないだろうか。

　日本語におけるさまざまな言語現象は、ある統語的原理によって、そのように存在する理由がより明らかになるのではないかと考えられ、それをできるだけ具体的に示すことが、本書の最終的な目標となっている。そして、本書の全体を通じて、明らかにしたいと考えている事柄の源には、実は、非常に素朴な疑問が横たわっている。それは、そもそも日本語における「統語」とは、何であるのかということである。幸い私達は生まれながらにして言語脳を備えるヒトであるために、言葉というのは、いわば空気のような存在であって、よほどのことがない限りそれを意識にのぼらせるということはないであろう。

しかし、もし、言葉をもたない生き物などからすれば、「統語」とはどのように見えるのだろうか。もっとも、言葉をもたないものに言葉は理解できないのであるが、このような視点をもつことで、またひとつ、言葉に対する新たな認識を生み出すことができるかもしれない。
　言葉を支える仕組みについて、原点に立ち返って思いをめぐらし、「統語」の表す内実を的確に説明できるようになることを目指して、「統語」とは何であるかという問いに解答を挑んでみたい。

第1章

統語的関係を表す概念

　いくつかの言語形式と言語形式とが、何らかの法則によって並べられ、そして全体として、話し手の表したい内容を反映させる一つの大きな言語形式となる。複数の言語形式が整然と並んでいられるのは、とりわけ統語的な働きを発揮する言語形式の存在があるからだと考えられる。ある概念をもつ言語形式が集まって、やがてはさらに大きな概念を表す一つの言語形式になる過程、たとえば、単語と単語の連鎖によって、最終的に一つの文になる過程には、どのような働きを発揮する言語形式が存在するのだろうか。そして、それは、どのように他の言語形式に対して関係を構築していくのだろうか。

　本章では、これまでに、日本語の統語的関係を表すものとして描かれてきた諸概念を取り上げる。そして、それらが、統語的原理を考えるうえでは、軌を一にしたものであることを示し、統語的原理「収束」と「展開」という、新たな概念を提唱してみたい。

1．機能語

　統語的関係を表す概念が見いだせる言語形式には、いくつかのレベルがあると考えられる。そこで、まずはさしあたって、語のレベルで

取り出せるものを対象に、考察を始めることにする。ただ、厳密に言えば、語のレベルと言っても、分かち書きをしない日本語の場合は、特に欧米の諸言語に比べ、何をもって「一語」と認定するのかは、決して容易なことではない。実際、意味を表す最小の言語形式である「形態素」というレベルで言えば、一つの形態素は、必ずしも一つの「語」であるとは限らないからである。

　たとえば、接辞の類がその代表例であり、それらは「形態素」ではあっても、一般には「語」とは認められていないものである。ある言語形式が「接辞」なのか「語」なのかという判断は、便宜上、区別をすることはあっても、それほどきれいに線引きができるものではない。なぜそのようなことになるかと言えば、それは、意味的な側面と統語的な側面の両方から、言語形式の性質を定めようとするからである。言語形式は、文中において形（音）、意味、機能が三位一体となって存在するために、意味的な側面と統語的な側面の両方を加味するという分析的視点は、やはりどうしても避けることができないのである。

　たとえば、「難し<u>さ</u>」と言ったときの語末の「さ」は、一般に形容詞の語尾に付いて名詞句を形成するので、接辞に属するものとされている。意味的には「さ」は、実体的な意味を備えておらず、また、統語的には、必ず「さ」の前に何らかの言語形式を承けて文中に現れるので、「さ」は単独では用いることができない。これらの点から見れば、「さ」は、典型的な接辞である。

　では、「立った<u>まま</u>」と言ったときの「まま」は、どうであろうか。意味的な側面において、「まま」に実体的な意味があるのかと言えば、そもそも「実体的な意味」が何を指すのかが若干あやしくなってくるであろう。また、統語的にはどうかと言えば、「ままで記入する」の

ように、「まま」は文頭に来て名詞のような立ち位置に来ることもある。しかし、だからといって修飾語の付かない「まま」が文頭に来て、「ままが」「ままを」「ままから」などと、いろいろな格助詞が自由に付いて文中で用いられるかと言えば、そういうわけにはいかないように思われる。「学生が」「学生を」「学生から」のように、典型的な名詞「学生」の場合であれば、問題なく文頭に来ることを思うと、「まま」は接辞のようでもあり、語のようでもあり、ということになる。

　このように、意味的な側面と統語的な側面の両方を考慮して言語形式を分類しようとする以上、語であるかどうかを認定することは決して容易ではないのであるが、本論では、便宜上、ある言語形式に対して語という用語を用いることにする。したがって、たとえば「機能語」と言った場合、それに該当する言語形式は、厳密な意味では一般に言う接辞に近いものも含まれることになる。

　いわゆる「語」という言語形式の集合である語彙をひとまず二つの種類に分けようとするとき、日本語の語彙は、往々にして、実体的な概念を表す語と、そうでない語に分類されることがある。後者に当たるものが、本論で特に考察の対象にしようとするものであり、どちらかと言えば統語的な機能に特化した語群に相当する。
　このような、日本語の語彙をひとまず二分しようとする考え方は、実は日本においても、西洋の一般言語学の研究手法が入ってくる遙か以前にまで遡ることができる。ひと口に語と言っても、まずは、現実世界での実体概念を表す言語形式の語群があり、そしてその一方で、それとは対極をなすような言語形式の語群があるというわけである。言語に対するこのような見立ては、古今東西、普遍的なものとも言え

るであろう。

　一般言語学では、語を機能語（形式語）と実質語（内容語）とに二分するというとらえ方があり、これは、日本語以外の諸言語でも一般に通用する語の分類概念であると思われる。ちなみに『言語学大辞典』（三省堂）によれば、機能語とは「語彙的な意味を表わす実語（full word）に対して、文法的な機能を示す語」とあり、概ね、実質語には名詞、動詞、形容詞、副詞がそれに該当し、機能語には冠詞、前置詞、接続詞、助動詞がそれに当たるという。

　これを日本語に適用するならば、実質語の典型は、動詞、名詞、形容詞のように、具体的な事物や事象が、ひとまとまりの語という形に投影されたものだと言えるであろう。そして、機能語の典型は、助詞のように、言語形式と言語形式とを関連づけ、論理的に整えて、言語運用に供するために作用する語であるということになる。

　このように、他の諸言語と同様に、日本語にもとりわけ「文法的な」すなわち、統語的な働きを発揮する言語形式が存在すると考え、そのような言語形式の総称として、以降、それを機能語と呼んでおくことにする。

　では、機能語のように、実質語と対置されるような形で、「文法的な機能を示す語」として区別される概念には、他にどのようなものが挙げられるだろうか。機能語と称するものの意味概念をより明らかにするためにも、機能語に相当すると考えられる他のいくつかの用語について検討しておきたい。そして、そのうえで、機能語に特有の性質とは何かについて考察することにする。

第1章　統語的関係を表す概念

1−1.「自立語」に対する「付属語」

　現代日本語の語彙については、学校文法における品詞分類によるものが最も広く知られているものであろう。その品詞分類によれば、語は、まず「自立語」か「付属語」かに二分されることになっており、この二分を行うにあたっては、統語的な側面と意味的な側面の両方が加味されている。『国語学大辞典』（東京堂出版）によれば、「自立語」とは「それだけである観念を表わし、また文中でそれだけ単独でも使用できる単語」とあり、また、「付属語」は「それだけでは明瞭な観念を表わさず、文中で常に観念語に付随して種々の意味的変異を示したり、観念相互の関係を示したりする単語」とある。

　学校文法では、全部で 11 の品詞を認めており、「自立語」とされるものには、動詞、形容詞、形容動詞、名詞、代名詞、連体詞、副詞、接続詞、感動詞があり、「付属語」に属するものには、助詞、助動詞がある。学校文法は、橋本進吉氏が中等学校の教科書として著した『新文典』（1931）に端を発するもので、その後『中等文法』を経て現在に至っており、そこには、橋本文法の言語観が大きく反映されていると言われている。

　なお、近代以降、代表的な文法論としてよく俎上に上がるものには、他に、山田文法（山田孝雄）と時枝文法（時枝誠記）がある。両者のいずれも、品詞分類を行うにあたっては、まず語群を二分するという方法が取られている。たとえば、山田文法では「観念語」と「関係語」の二つに、時枝文法では「詞」と「辞」の二つに区分するといった具合である。ただ、これらの二分の仕方は、両者ともに独特の言語観に基づいてなされているために、「観念語」と「詞」、あるいは

「関係語」と「辞」は、完全には一致していない。

　このような、いわゆる実質語か機能語かという観点から語群を二分するという発想の源は、歴史的には「詞」と「辞」（あるいは「てにをは」）と呼ばれる語の二分法にまで遡ることができる。もっとも、ここでの「詞」と「辞」というのは、山田文法での「観念語」と「関係語」とも異なり、また、時枝文法での「詞」と「辞」とも異なることは言うまでもない。学校文法における「自立語」と「付属語」は、西洋の言語学における考え方が日本語の文法研究に入ってきてからも、伝統的な「詞」と「辞」（てにをは）の二分法にさまざまな継承と見立てが加えられることによって構築されてきた文法概念であると言えよう[1]。

　ただ、語群を二分するときの観点について言えば、人によって言語観や分類基準に多少の違いはあったにしても、「自立語」に対する「付属語」という概念は、「詞」に対する「辞」や、「観念語」に対する「関係語」とも、少なからず重なっている。つまり、「付属語」「辞」「関係語」といった概念に共通しているのは、その語が実体的な概念を表すものではないという意味で、実質語ではない、という点である。山田文法における「関係語」という用語名からもわかるように、実体を表すものでなければ、それは「関係」を表すものであり、その「関係」とは、いわゆる統語的関係のことにほかならない。

　このような、どちらかと言えば機能語の類に相当するであろう「付

---

[1] 文法研究の歴史については、尾崎知光（1976）「文法研究の歴史（1）」及び古田東朔（1976）「文法研究の歴史（2）」『岩波講座日本語6　文法Ⅰ』を参照。

属語」「辞」「関係語」の定義の仕方については、ある共通する問題点が見いだせる。それは、まず初めに、「自立語」「詞」「観念語」の定義が先にあり、そのうえで、「それらに該当しないもの」といったように、消極的な位置付けがなされていることである。

　たとえば、山田文法（山田（1908））の場合であれば、「観念語」とは、「一単語にて一思想をあらはしうるもの」で、「関係語」とは「然らざるもの」とある。時枝文法（時枝（1950））であれば、「詞」は「概念過程を含む形式」であるとし、「辞」は「概念過程を含まぬ形式」である、というような具合である。

　このようなことから、初めに統語的関係を表す語群から先行して、あるいは、そこを出発点として語を分類しようとするような視点は、歴史的にはまず見られなかったと言ってもよいであろう。そして、このことの背景には、統語的関係の内実を的確に描くことが、決して容易ではないことを示しているように思われるのである。

　総じて、以上に述べたように、実質語と機能語という対立に照らし合わせると、「自立語」と「付属語」という枠組みにおいては、少なくとも「自立語」よりも「付属語」の方が、機能語により近いものであると言える。そして、注目すべきは、そういった機能語の類は、「実質語ではないもの」というように、消極的な位置付けがなされているという点である。

　以上、機能語に類するものの一つとして、まずは「付属語」という概念がその中に認められるということを念頭に置いておきたい。

1－2．「語彙範疇」に対する「機能範疇」

次に、機能語に類するものとして挙げたいのは、一般に「機能範疇」と呼ばれるものである。チョムスキー（Chomsky, N）の提唱する生成文法では、範疇（category）を、「語彙範疇」と「非語彙範疇（機能範疇）」というものに二分している。前者にはいわゆる動詞や名詞、形容詞などの語句が該当し、後者には「補文標識」「屈折要素」「決定詞」が該当するという[2]。

ここで注目すべき点は、「非語彙範疇（機能範疇）」という概念が設けられていることである。「非語彙」であるということは、すなわち「機能」であるとする点にも、注意を要する。そして、ここに属する項目からも、ここでの「機能」とは、実体的な概念をもつものではなく、どちらかと言えば、より統語的関係を構築するために働く言語形式であることがわかる。

生成文法で展開されている文法論は、どの言語にも適用を可能とする、いわゆる普遍文法を目指したものである。したがって、そのような意味では、語の分類から始める日本語の伝統的な文の構成観とは、全く異なるものである。ただ、生成文法のような独特な体系をもつ文法論においても、語彙（範疇）を二分する際に、「非語彙範疇（機能範疇）」という語群が立てられていることは、興味深い。

また、生成文法では「語」ではなく、「範疇」という用語を用いている点にも注意を要する。すなわち、「屈折要素」のように、語というレベルでは取り出しにくい「時制・性・数・人称」にかかわる文法的概念が、語というレベルで存在する「補文標識」（'I think that he

---

[2] 中村捷・金子義明・菊地朗（1989）『生成文法の基礎』を参照。

is honest.'の'that'など）や「決定詞」（a、the など）と同列に扱われているという点が、日本語の伝統的な文法論では、まず見られなかったユニークな点である。実際、日本語では、「屈折要素」に当たるものは、そのまま文の構成に不可欠な文法項目として見いだせるものとはなっていない。

　たとえば、「屈折要素」の「数」や「人称」といった概念は、英語では、主語と述語で形態の一致関係をもたらす重要な文法的概念であるが、日本語の構文には、そういったことは見られない。英語では'I play the piano.' 'He plays the piano.' というように主語が'I'なのか'He'なのかで動詞の形が異なるが、日本語の場合は、主語が「私」であろうと「彼」であろうと「ピアノを弾く」のであり、動詞の形が主語によって異なるというようなことはない。また、「数」や「人称」などの「屈折要素」は、あくまでも文法的「概念」なのであって、そのような概念そのものが何か一つの言語形式をもつ、ということではない。もし仮に、それに該当する（あるいは近い）ものがあったとしても、それは、必ずしも一つの品詞に属する「語」という単位によって表されているとも限らない。つまり、文法的「機能」というのは、それだけを一つの言語形式でもって取り出すことは容易ではないのである。

　「非語彙範疇（機能範疇）」は、実質語と機能語の対立に当てはめたとき、それは、明らかに機能語の類に属するものであろう。そして、特に重要なのは、「非語彙範疇（機能範疇）」という概念で示唆しているものは、必ずしも品詞論における「語」というレベルで表される概念ではないということである。したがって、機能語という用語に内包される概念は、「語」というレベルを超えたものにまで及ぶと言ってもよいであろう。このことは、まさに生成文法での「非語彙範疇（機

能範疇)」という概念に接することによって、よりはっきりと認められるのではないかと思われる。このように統語的関係を表す概念というのは、品詞論における「語」のレベルではとらえられないものがあり、日本語における統語を根本から考えていくうえでは、どうしても従来の品詞論の枠組みでは、限界があるということが言えるのである。

　総じて、以上に述べたように、これまでにも、統語的関係を表そうとした概念設定が認められ、また、それに特化した言語形式が他と区別される形で存在する、ということを確認した。どちらかと言えば、実体的な概念を表さない「付属語」、「辞」(てにをは)、「非語彙範疇(機能範疇)」という用語の存在から、機能語というものの概念の内実が、ある程度までには認識できたかと思われる。

　そこで、次に、そのような機能語の類とは、実質語の類に比べて、どのような統語的特徴を有しているとするのか、すなわち、ある種の言語形式が機能語として区別される意義について、少し検討しておきたい。

1-3. 機能語の特質

　「自立語」に対する「付属語」、あるいは、「語彙範疇」に対する「非語彙範疇(機能範疇)」に該当する語を厳密に規定することは、なかなか容易なことではない。しかし、古今東西において、事物や事象といった実体概念を表す語群とは区別して、言葉を構築する際の抽象的な概念を担う語群を立てようとする見方があった。したがって、語群をこのように二分することは、普遍的な認識に基づくものだと言えそうである。

第 1 章　統語的関係を表す概念

「付属語」や「非語彙範疇（機能範疇）」といった概念から想起される機能語の類は、それ自体には事物、事態のもつ実体的な意味を備えておらず、もっぱら言語構成上の統語的関係、すなわち論理性や関係性といったような、言語形式と言語形式の間を結ぶメタ言語的性質を有しているという特徴がある。つまり、機能語の類は、文を構成する際に、統語的関係を示す機能を発揮することに特化した性質をもつ言語形式だと言える。したがって、日本語における統語的原理を明らかにしようとするならば、まずはこのような機能語の類がもっている特質から明らかにしなければならないであろう。

では、日本語における機能語とは、言語形式としてどのように表出される特徴をもつのであろうか。

機能語は、言葉として表出するのに必要な、ある種の言語構成上の関係を表す語である。つまり、機能語の対極にある実質語を念頭に置いて述べるならば、機能語とは、外界にある事物・事象や情意的なものとは一切関係のない、文の構成上の標識の類だと言える。したがって、機能語の最たるものは、もっぱら文の構成上の標識として働くものであると考えられる。そうすると、文の構成上のしかるべき位置において、同じ部類に属する機能語が二つ、重複して表示されるようなことは起こらないのではないかと予想される。なぜかと言えば、文の構成上の標識というのは、交通標識にも似たものだと考えられるからである。

たとえば、同じ場所に「右側を通行せよ」という標識と「左側を通行せよ」という標識が一緒に立ててあれば、どうなるであろうか。現場は確実に混乱するであろう。また一方で、「右側を通行せよ」とい

う交通標識が同じ場所に二つ立ててあったとすれば、それが一つしかないのと比べ、何か特別に良い効果が期待できるであろうか。おそらく、経済的な観点から言えば、無意味であると言わざるをえない。

したがって、文中のしかるべき位置において、通行帯に関する機能語があったとすれば、それは、一つしかないはずで、仮に、そこにもう一つ機能語があったとすれば、それは、たとえば「一旦停止せよ」というような、通行帯を指示するのとは別の標識であると考えられるのである。

一方、実質語の場合は、同種の語がいくつか重ねて出てきたとしても、それは、一語では表しきれない意味内容を補おうとするものであって、文の成立には決して不都合は生じないと思われる。また、同一の語を重ねて表示してあったとしても、そこには、話し手の発話意図におけるなんらかの強意が込められるという効果が表出されるだけのことであって、解釈に困るような文になることは決してないのではないかと思われる。

このことを例文を用いて、少し具体的に示してみよう。

述語に対する意味役割を表すといった格関係は、格助詞の類で表示されるが、下記の例（1）（2）に挙げるように、もし、そのような格関係を表す同じ格助詞が二つ並べて表示されると、意味機能の矛盾あるいは衝突が生じて非文となる（以下、例文中に付される「＊」は、非文法的な文（非文）であることを示す）。

（1）＊魚　が　を　食べた。
（2）＊故郷　に　で　過ごす。

また、下記の例（3）（4）に示すように、たとえ同じ順接同士の接続詞、あるいは逆接同士の接続詞であっても、話し言葉における言い換えや言いよどみを除いては、それらが重ねて表示されると、不適切な文となってしまう。

（3）＊体温が上がる。だから　よって　発汗が促される。
（4）＊有効である。しかし　だが　コストがかかる。

　しかし一方で、下記の例（5）（6）（7）に挙げるように、実質語の場合は、普通名詞を重ねても、また様態の副詞を重ねても、文の構成上には支障を来すことはない。

（5）　コーヒー（と）紅茶を飲んだ。
（6）　ゆっくりそろそろと歩く。
（7）　ゆっくりゆっくり歩いてください。

　このようなことから、機能語の類には、実質語の類と区別できる特質として、以下のような性質をもっていることが指摘できるのではないだろうか。

「同種の機能語は原則として重複して表示されない」

　上記の機能語の類に関する性質については、格助詞「が」に関する例外がすぐに想起できるために、一応「原則として」と、入れておいた。それは、たとえば、「話はここからが大事です」「視聴者による批判の矛先はゲストではなく司会者へが圧倒的に多かった」などに見られるように、「からが」「へが」をはじめ、「にが」「とが」「でが」と

いうように、格助詞が重複して表示されるものが往々にしてあるからである。

　ただ、これらの例は、「ここから［始まるの］が」あるいは「司会者へ［向けられたもの］が」と意訳できることからもわかるように、「が」の前に先行する格助詞（「から」「へ」）が本来係っていくはずの述語が省略されているような直観がある。また、このように格助詞を受ける「が」は、とりわけ強意を示しているようでもあり、あとの第3章で述べる副助詞（とりたて詞）とも、よく似たような特徴をもっていることがわかる。

　なお、現代語における日本語の助詞の種類については、概ね「格助詞」「副助詞」「接続助詞」「終助詞」の4種が認められるが、そのうち「格助詞」というのは、「学生が来た」「学生を呼ぶ」「学生に話す」の「が」「を」「に」のように、述語動詞に対する意味役割を示すものであり、「副助詞」というのは、「学生も来た」「学生さえ来た」の「も」「さえ」のように、何か言外の意味を付加するような意味役割をもったものを指す。たとえば、「学生が来た」ではなく、「学生も来た」というように副助詞「も」を用いると、「来た」のが「学生」であるという情報に加え、「来た」人は他にもいる、といったことが暗示されていることがわかる。

　したがって、「が」が格助詞であれば、述語動詞の「主体」を指し示すのが格助詞としての役割になるのであるが、もし、それ以外に何か情報として付け加えられるような内容を担っているとすれば、その「が」は、副助詞の性質に近くなる、ということになる。

　このような格助詞らしからぬ「が」の性質から、すぐに思い浮かぶのは、久野（1973）の提唱した「総記」と「中立叙述」という、「が」

に備わる二つの意味機能についてであろう。

　端的に言うと、「総記」というのは、「太郎が犯人ですよ（私ではありません）」の「が」がもっている意味機能で、「中立叙述」というのは、「太郎が花子に傘を貸してあげた」というときの「が」の意味機能のことである。両者ともに述語の主体（主語）を表示しているのであるが、意味的には確かに若干の温度差が感じられ、前者の方が主体をとりわけ強めて言っているような感がある。

　一般的な理解では、このような「が」は、両者ともに格助詞とされているのであるが、もし、上記に述べた機能語の性質の原則が正しいのであれば、「総記」の「が」は、実は副助詞の類に含むべきものではないかと思われる。つまり、「が」には、格助詞の「が」と副助詞の「が」があるというわけである。もっとも「が」が副助詞の類だとする点については、もう少し丁寧に考えなければならないであろうが、ここでは、「が」には副助詞のような性質があるという指摘だけにとどめておきたい。

　そうすると、「からが」「へが」の場合、「から」「へ」が格助詞だとすれば、その格助詞に付く「が」は、格助詞とは異なる種類の助詞、つまり、副助詞の類だということになり、「からが」「へが」は、格関係を表示するという同種の機能語が二つ並んでいるわけではない、ということになるであろう。

　機能語の類は、言語形式と言語形式の整え方を決める、いわば交通整理を担う標識のようなものである。もし、そのように考えることができるのならば、「同種の機能語は原則として重複して表示されない」とする意義は、容易にイメージできるのではないだろうか。実質語の類は、表現内容を充足したり、情意を込めて強調できるといったこと

に有効であるために、たたみ掛けるように重複して表示されることはある。しかし、機能語の類というのは、そもそもそのような言語運用上の性質とは、無縁のものなのである。

　機能語の性質として挙げた「同種の機能語は原則として重複して表示されない」という点について、さらに別の事象を挙げてみよう。

　英語で言えば、be 動詞に相当するもので、「コピュラ(繫辞)」という概念がある。これは、主部と述部を繫ぐために表示されるもので、その言語形式には、実体的な意味概念はないとされているものである。たとえば、'He is kind.' という文における 'is' は、「コピュラ」であり、それは、統語的には主部 'He' と述部 'kind' とを繫いでいるだけであって、'is' 自体が何か意味を添えているわけではないとされる。

　「コピュラ」自身に語彙的な意味はないとすれば、「コピュラ」は、極めて機能語らしい機能語であると言えるであろう。それは、まさに言葉を言葉として表出するためだけに現れる言語形式だからである。もし仮に、「コピュラ」を重複させて、主部と述部を繫ぐことを示す標識が二つ重ねて表示されているとすれば、言語表現上どのような効果が期待されるであろうか。実際、そのような実例はないのであるが、もし、そのようなことがあれば、言葉の経済性の観点から言っても、理にかなっていないことは明らかであろう。

　機能語の類は、実質語の類のような語彙的意味を担うものではなく、言語形式と言語形式の統語的な関係を表す、メタ言語的な言語形式である。このような点から見れば、機能語に「同種の機能語は原則として重複して表示されない」という特質があると考えることは、自

然な帰結とも言えるのではないだろうか。

2．文の構成観

次に、語よりも大きい言語形式のレベル、つまり、複数の言語形式が機能語を媒介として連結し、さらに上の大きな単位の句や文になる過程の統語的関係を表す概念について考えてみたい。

いわゆる文というのは、どのような成分が、どのような働きによって、一つのまとまった言語形式になると考えられてきたのだろうか。

この点については、古代から現代にかけて、日本語の文献史上にも大変ユニークな、日本語ならではの見解がいくつか見られ、それらはしばしば比喩を用いた抽象的な描かれ方がされている。このことは、そもそも統語的関係というもの自体がメタ言語的にしかとらえられないものであるために、やむを得ないところもあったのかもしれない。しかし、いずれの見解も、表現の仕方こそ異なるものの、文の構成観としてはどこか共通する部分があるように思われ、非常に興味深いものである。

以下、そのような、文の構成観に関わる統語的関係を表す概念について見てみよう。

2－1．「詞」と「辞」「てにをは」

いくつかの言語形式が複数集まって、さらに大きな言葉の単位を形成しているとする見方は、非常に古くからあった。いわば、ヒトが文字を通して、言葉を客観的に観察できるようになったのとほぼ同じ頃

からだと言ってもよいであろう。そして、特に注目すべき点は、その言語形式は、実質語の類と機能語の類に二分され、後者が特に意識的に取り扱われていたという点である。また、機能語の類が文を構成していくようすを独特な表現で描いている点も興味深い。

　歴史的に遡って文献を紐解くと[3]、最も古いものの部類で言えば、既に『萬葉集』の中で、歌に続けて以下のような注が付されているのが見える。

　　毛・能・波、三つの辞を欠く（『萬葉集』巻第19、4175）
　　毛・能・波・氐・尓・乎、六つの辞を欠く（『萬葉集』巻第19、4176）

さまざまな言語形式の中でも、とりわけ「てにをは」の類が取り上げられており、「この歌にはそういった助詞が欠けている」と問題にしているのである。このことから、文の構成において、「てにをは」の類は特別なものとして意識されていたことがうかがえる。さらに、同じく上代の文献『続日本紀』では、万葉仮名で表記する際に、体言や用言などの語幹に当たる文字に比べ、助詞、助動詞や語尾に当たる文字は、小さく隅に書くという手法が取られていたという。

　このようなことから、はっきりとはしないまでも、機能語の類に相当するものが他とは区別できるということ、そして、それは文の構成における何らかの役目を果たしているということが、古代の人々の間においても、もはや自明のこととして意識されていたことがうかがえるのである。

　3）　以下、古代語の文献に関しては、尾崎知光（1976）「文法研究の歴史（1）」『岩波講座日本語6　文法Ⅰ』を参照。

中世の文献『手爾葉大概抄』では、語全体が「手爾葉」と「詞」に二分されており、その語性は、次のように説かれている。

　詞は寺社の如く手爾葉は荘厳の如し　荘厳の手爾葉を以て寺社の尊卑を定む[4]

　ここでも、文の構成においては、「詞」ではなく、「手爾葉」という機能語の類が重要なポイントになることが述べられている。
　お寺も建物であるから、それだけでは他の建物と同じである。お寺が立派なお寺であるためには、そこにどのような設えがあるかという点にかかってくる。お寺の尊卑の決め手となるのは、設えである「荘厳」であり、「手爾葉」なのだと言っているのである。このように、文が機能語の類と実質語の類で構成されているイメージを、建物に見立てることで表現している上記の例は、比喩的な描写とはいえ、著者による文の構成観がよく現れていると言えよう。

　また、近世には、本居宣長による『詞玉緒』、富士谷成章による『かざし抄』『あゆひ抄』といった書物が著されているが、これらの書名からもうかがえるように、そこには独特な文の構成観が見いだされる。『詞玉緒』では、「てにをは」の類を、玉を貫く紐にたとえ、衣を縫う技に通じるものであるとする。また、『あゆひ抄』に見える以下の一説のように、さらに一歩進んだ文の構成観も見える。

　名をもて物をことわり、装をもて事をさだめ、挿頭脚結をもて、

---

4)　根来司解説（1979）国立国会図書館蔵『手爾葉大概抄　手爾葉大概抄之抄』を参照。

ことばをたすく[5]

「挿頭(かざし)」「脚結(あゆい)」という、どちらかと言えば機能語に相当しそうなものが「ことばをたすく」存在として描かれているのがわかる。さらに、富士谷氏の文の構成観がわかるものとして、『かざし抄』に以下の一説が見える。

かしらに挿頭あり、身に装あり、しもつかたに脚結あるは、[6]

これは、いわゆる「名」という名詞の類以外を身体にたとえて、「装」「挿頭」「脚結」を比喩的に描写することで、文の構成のあり方を示している。

機能語の類というのは、統語的な関係を表すための言葉である。そして、「統語」という概念自体が、実体的なものではなく、視覚化しにくいものであるために、それを言い表すことは大変難しい。そのために、どうしてもこのような比喩を使った表現にならざるをえなかったのではないかと推測される。これらのことからも、言葉の統語的関係を描写するというのは、なかなか一筋縄ではいかないことがうかがえるであろう。いずれにせよ、古代から機能語のもつ統語的機能が認識され、それを寺社にたとえたり、玉を通す紐にたとえたり、身体にたとえたり、というユニークな方法で文の構成観を表していたようすは大変興味深い。日本語の統語的関係をとらえようとした足跡は、歴史を遡ることができ、機能語という言葉の類の存在は、古くから確立

---

5) 松尾捨治郎校註（1932）『あゆひ抄』を参照。
6) 松尾捨治郎校註（1934）『かざし抄』を参照。

していた概念であったのである。もっとも、これらの見解は、現代から見れば、論理性に欠ける記述であることは否めないであろう。しかし、文の構成上において、機能語という特別な言語形式の類が存在し、それは実質語とは異なる性質を有し、かつ、文の構成上、極めて重要な位置を示すものである、という主張をしていた痕跡は、確かに認められるのである。

やがて近代に入って、欧米の言語学における諸概念が日本に入ってきた後も、これまでの歴史的な文の構成観は継承され、発展を遂げた。中でも山田孝雄氏、時枝誠記氏、渡辺実氏による文の構成観は、特筆すべきものである。

2－2.「陳述」

山田（1936）では、文とは何をもって一つの文となすかという、文の定義を行っている。句点で区切られている言語形式の連鎖のひとまとまりは、何をもって一文になるのかと言うと、そこには一回限りの「統覚作用」という統合作用が働くとする。そして、文末に位置する述語（用言）が統合作用に関わっているとし、そこに「陳述」が見いだされるという。山田孝雄氏は、この「陳述」が付与されたものが一つの文であるとするのであるが、何によって「陳述」が付与されるのかなど、具体的につめていくと判然としないことがあり、後に陳述論争[7]が巻き起こることとなる。このように、解釈に議論が尽きない「陳述」ではあるが、「陳述」という概念の創出は、日本語の統語論において、極めて重要な発見であったと思われる。なぜなら、「陳述」

---

7) 大久保忠利が『増補版日本文法陳述論』（1968）の中で使用した言葉。「陳述」という用語をめぐって、後に他の研究者らが行った解釈や見解をまとめ、解説を付している。

という用語をもって、文の構成には「文の終わり」を示す標識が存在する、ということを示したからである。

　山田氏の言ういわゆる文には、「統覚作用」というものがあり、そこには一つのまとまった「思想」が込められているとする。談話の構成において意味をなす最小の単位は文であり、その一文と一文とを分けるときに働く統語的作用が、「陳述」であるという。

　そうすると、「陳述」とはつまり、言語形式の連鎖の中で、一つの文としてはこれで終わりで、統語的にはこれ以上続くことはない、関係性を構築することはない、という「文の終わり」を示す標識である、と解釈できるのではないだろうか。「陳述」を交通標識にたとえるならば、さしずめ「ここで行き止まり」という標識になるであろう。ただ、問題は、「陳述」という標識が、どのような言語形式で具現されているのかが明確にできないことにある。しかし、仮に「陳述」を表す言語形式があるとすれば、それは、「文の終わり」を示す一種の機能語の類であると思われる。「陳述」を、「「文の終わり」であることを示す機能語」として位置づけられるのであれば、「陳述」は、統語的関係を表す概念の一つであると言えるのではないだろうか。

　既に述べたように、統語的関係を表す概念は、必ずしも語のレベルに備わっているというわけではない。「非語彙範疇（機能範疇）」というものが、いわゆる機能語の類に相当することについては前に述べたが、その中には、語という単位ではとらえにくい「屈折要素」のようなものも含まれていた。機能語の類というのは、形式を伴いにくいものなのである。そのような背景から言っても、「陳述」がどの言語形

式に宿っているのかが問題になったというのは、当然のこととも言えるであろう。

「陳述」という概念は、品詞論の枠組みの中では、まず説明できないものである。それは、「陳述」が統語的関係を表す概念であり、語のレベルを超えた概念であるからに他ならない。しかしながら、「陳述」という概念は、目には見えなくても確かに存在し、それは、そこが「文の終わり」であることを積極的に示す働きをもったものであると考えられる。すなわち、言語形式と言語形式との関係を動的に関連づけようとする、いわば言葉の原動力の一つとなる存在だと、解釈できるのではないかと思われる。

「陳述」という概念は、一つの統語的関係を表す重要な概念であると考えられる。このことについては、後にあらためて取り上げたい。

2－3．「入子型構造形式」

時枝（1941）は、山田氏の「陳述」や橋本（1948）の「文節」を受けて、「入子型構造形式」というユニークな文の構成観を提唱した。「詞」と「辞」が結合するイメージは以下のように描かれている。

| 詞 | 辞 |

時枝（1941）によれば、「詞と辞との結合に於いては、辞は詞を総括する機能の表現である」とあり、「辞」が「詞」を包んで一つのセットを作り、まるでマトリョーシカ人形のように幾重にもくるまれていって、その結果、以下にあるように、文という大きな単位に形成

されていくという構図を示した。

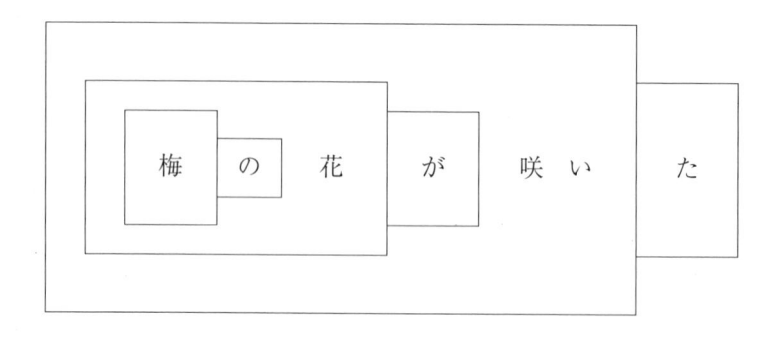

```
┌─────────────────────────────────────────┐
│   ┌─────────┐                           │
│   │         │    ┌──────────────┐       │
│ 梅│ の      │花  │ が    咲  い  │  た   │
│   │         │    │              │       │
│   └─────────┘    └──────────────┘       │
└─────────────────────────────────────────┘
```

「入子型構造形式」は、横一線にとらえがちな言語形式の連鎖を、より奥行きをもった形でとらえ、文の構成における統語的な関係を明示的に表したものとなっている。また、「辞」の機能として、それが「詞」を「総括する」と述べている点にも注目したい。つまり、いわゆる機能語の統語的な働きに、「総括する」ことを挙げているのである。このことは、「詞」と「辞」は、ただ対等に並んでいるだけではなく、そこには、「辞」による動的な働きが介在していることを示している。すなわち「辞」が、言語形式と言語形式との関係を動的に関連づける原動力となっている、と解釈できるのである。

時枝氏の提示した文の構成観は、統語的関係を表す概念に動的なイメージを作り上げたという点で、日本語の文の構造を見事に言い当てた描写であったと思われる。このような時枝氏の「入子型構造形式」は、後の統語論の研究においても応用され、継承されていくこととなる。

文の構成観に関して、バイイ（Charles Bally, 1965）は、文は「事理」（dictum）という伝達内容を表す部分と、「様態」（modus）とい

う話し手の態度を表す部分の二つからなることを示した。また、同様のことは、フィルモア（Fillmore, C. J, 1968）も「命題」（proposition）と「モダリティ」（modality）という区別でこれを提示している。

　このことは、日本語においても既に言及があり、芳賀（1962）は、それに相当するものとして、「客体的表現」と「主体的表現」を挙げている。そして、それ以降は、日本語では中右（1979）あたりから、「命題」と「モダリティ」という用語が、文の構成に関わる二大概念として、より一般に用いられている観がある。

　一般に「命題」というのは、「雨が降るだろう」という文で言えば、「雨が降る」の部分を指し、「モダリティ」というのは「だろう」の部分を指す。空から水が落ちてくるという気象現象は、日本語話者であれば誰もがまずは「雨が降る」と言い、事態の内容を客観的にとらえて描写したまでのもの、という意味で、人によってその表現が異なることはない。しかし、同じ空を見上げていても、ある人は「雨が降るだろう」と言い、ある人は「雨が降りそうだ」と言い、またある人は「雨が降るね」などと言う。このとき、文末に現れる「だろう」「そうだ」「ね」には、その場その場で個人によって異なる判断、推測、感情、聞き手への伝達意図などの主観的な情意が込められている。日本語の構文の特徴は、初めの方に客観的な言語描写である「命題」内容が来て、文末に行くほど主観的な言語描写である「モダリティ」が来るというわけで、日本語の構文は、一般に「文＝命題＋モダリティ」という構図でとらえられる。

　川本（1956）は、バイイの用語'dictum'と'modus'をそれぞれ「言表事態」と「言表態度」と意訳しているが、仁田（1989）はこ

れを用いて、上に挙げた日本語の「命題」と「モダリティ」の統語的関係を、時枝氏の「入子型構造形式」になぞらえて、次のような形で提示している。

```
┌─────────────────────────────────┐
│  ┌──────────────┐               │
│  │   言表事態    │    言表態度    │
│  └──────────────┘               │
└─────────────────────────────────┘
```

仁田（1989：1）

このような見立ては、まさに、「言表態度」すなわち「モダリティ」に相当するものが、「言表事態」すなわち「命題」に相当するものを「総括」している構図になっていると言えよう。文を構成する二大要素である「命題」と「モダリティ」についても、時枝氏の「詞」と「辞」の「入子型構造形式」の関係と同様に、その統語的関係は、動的にとらえることができるのである。

2－4．「構文的職能」

次に、日本語における文の構成観を示しているものとして、渡辺（1971）を挙げておきたい。渡辺実氏は、文を構成する際に働く職能「構文的職能」について、以下のような構図を挙げている。

第 1 章　統語的関係を表す概念

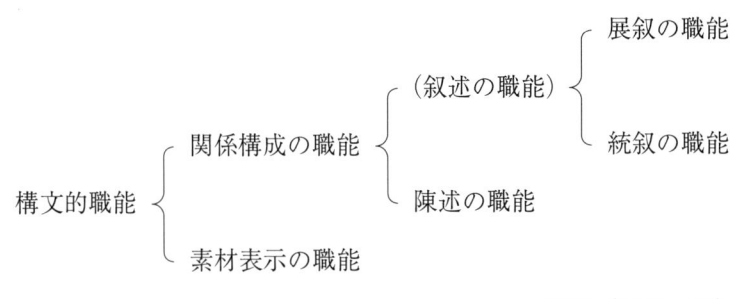

```
                                          ┌ 展叙の職能
                        ┌ (叙述の職能) ┤
            ┌ 関係構成の職能 ┤           └ 統叙の職能
構文的職能 ┤            └ 陳述の職能
            └ 素材表示の職能
```

渡辺（1971：67）

　ここで注目すべき点は、まずは、「関係構成の職能」と「素材表示の職能」と称している概念についてである。これは、文の構成に関わる、まとまった言語形式全てが、何らかの統語的機能をもつことを明確に説いたものである。このことは、特に「素材表示」が「職能」であるとする点に、よく現れていると思われる。
　たとえば、「桜が咲く。」という例では、「桜」という実質語である名詞は、それだけでは構文的な関係構成をもつものではない。しかし、「桜」という言語形式から、ある実体概念が喚起できるということも、統語的機能であるとして位置づけ、一つの「職能」として認めようというのである。「構文的職能」には、「関係構成」という職能のみならず、このような「素材表示」に当たるものについても、統語的な関係を表す概念であるとしていることが、注目に値する。

　この「素材表示」という職能を設けた渡辺氏の見解に触れるとき、それに関連した概念として、松下（1930）が提唱した「原辞」が思い出される。

　松下大三郎氏は、「断句」（いわゆる文）を構成する要素として、「原辞」と「詞」を挙げた。「原辞」という概念は、大槻（1896）以

来、広く誤解されたままで日本語の文法界に浸透してしまったとする「詞」の概念を、厳密にとらえ直そうとすることによって、新たに創設された概念である。

　松下氏によれば、「桜が咲く。」における「桜」は「原辞」であり、「詞」ではないとし、「詞」に相当するのは、「桜が」という部分にあることを説いている。ここにおける「詞」というのは、日本語で一般に理解されている品詞論の「詞」とは異なり、文における「職能」をも含むものとして位置づけられている。また「原辞」は、まだ「職能」を与えられるレベルにないもので、「詞」を形成する材料だということになっている。

　世界の言語は、語の形態的特徴から概ね孤立語、屈折語、膠着語のいずれかに分類される。ある言語形式に文法的要素をもつ別の言語形式を付加することで、構文上の機能（格関係や時制など）を表す言語は膠着語で、ある言語形式の内部で語形変化を起こすことで構文上の機能を示すような言語は、屈折語と呼ばれている。たとえば、膠着語である日本語では、「彼」という名詞を主語（主格）にしたい場合は、「が」という助詞を付加して「彼が」となるが、屈折語に属する英語の主語（主格）の場合は、「彼」と「が」が融合した 'he' という語形になる。

　したがって、屈折語の「名詞」という場合の「詞」の概念には、その形態に不可分な形で「職能」が埋め込まれているのに対して、膠着語である日本語の場合は、そうではない。そこで松下氏は、「職能」までが含意されたものを「詞」と呼び、それが含意されていないものを「原辞」としたのである。このような松下氏の「詞」と「原辞」にまつわる概念は、明示的には言い表しにくい統語的関係というものを、何らかの言語形式に置き換えて、その概念を描写しようとしたも

のだと言うことができるであろう。

　松下文法は、他の文法論に比べて、難解な文法論であると言われることがあるが、その原因は、ある意味、山田孝雄氏の「陳述」の場合ともよく似ているように思われる。なぜ、理解が難しい、あるいは、賛同が得られにくいのかと言えば、それは、一般の品詞論の枠組みではとらえることのできない、統語的関係を表す概念を、そういった用語に反映させようとしたからではないかと思われる。少なくとも日本語の場合、統語的関係を表す概念というのは、視覚化しにくいものなのである。しかし、そのような概念は、確かに存在するのであり、かつ、文の構成に関わる不可欠な概念なのである。

　渡辺実氏の「素材表示」と松下大三郎氏の「原辞」は、一見すると似ているようにも思われるが、根本的に異なる点は、前者が「職能」を有しているとするのに対し、後者はそれを有していないとする点であろう。ただ、いずれにしても、統語的関係を表す概念を意識して描き出した見解であることには違いなく、そのような点においては、両者には相通じるものがあるように思われる。

　また、渡辺氏の「関係構成の職能」における「展叙」と「統叙」という用語で示されている概念は、とりわけ統語的関係を表す概念として、より明示的に描かれているものだと言える。
　「展叙」とは、たとえば「桜の花が咲く」の「が」に相当する部分に備わる、叙述を展開する「職能」であり、「統叙」は「咲く」に相当する部分に備わる、叙述を統一、完了するための「職能」であるとする。すなわち、「展叙」と「統叙」によって整えられた叙述内容に対して、「陳述」が添加され、そして、初めて一つの文が形成される

ことで、「完結」するというのである。

　この「展叙」と「統叙」という概念に触れるとき、それに関連して、三上（1956）における「主語廃止論」が思い出される。

　三上章氏によれば、日本語の場合、いわゆる「主語」は、述語（動詞）に対して何ら特権をもったものではなく、「ＡさんがＢさんにＣさんを紹介した」という文では、「Ａさんが」のみが「紹介した」に対して統語的影響を与えるのではないとする。ここでは、「Ｂさんに」「Ｃさんを」も等しく「紹介した」に係っていくのであり、「Ａさんが」が「紹介した」に対して、欧米語のように、主語と動詞に一致関係を求めるような、特別な照応関係を示すことはない、と考えるものである。このことを渡辺氏の枠組みの用語を借りれば、叙述を展開する「Ａさんが」「Ｂさんに」「Ｃさんを」という「展叙」の成分が、一斉に「紹介した」という「統叙」にかかっていくという構図になるであろう。

　ちなみに、テニエール（Lucien Tesnière, 1959）が提唱する依存文法では、主語を述語に対置させることに異論が唱えられており、主語のみを取り立てることは他の要素に対して不均衡を生じさせるものであり、妥当ではないとしている。これは、日本語に関して言えば、三上氏が既に同様の主張をしていたことになり、主語を特別扱いしていなかった考え方とも通じている。

　このように、種々に散見される文の構成観を眺めてみると、結局は、渡辺実氏の見解に集約されることに気づく。渡辺氏の文の構成観は、「職能」「展叙」「統叙」という用語に基づくものであり、また、

それらをもって、統語的関係を表す概念を明らかにしようとしたものであった。「展叙」「統叙」という概念は、文の構成に関して、その統語的関係をまさに動的に描いたものだと言える。このことは、「展叙」「統叙」というその用語名からもうかがえるであろう。

「展叙」「統叙」を創出した渡辺氏の見解は、統語的関係を表す概念を動的に描いた先例でもあり、山田孝雄氏の「陳述」と同様に、このあとに展開される本研究にも大きな影響を与えることとなる。

2－5．係り受け

日本語における文の構成観は、伝統国語学においても古くより見いだすことができた。そして、その描き方は、若干比喩的で、多様な表現がされていたとは言え、いずれにおいても、まずは、機能語と実質語に相当する類が認められていた。

文という大きな言語形式の枠組みを構成する際に、「辞」「言表態度」「モダリティ」という、どちらかと言えばメタ言語的なもの、あるいは機能語の類が、「詞」「言表事態」「命題」という実質語の類を「総括」し、そして、「展叙」によって種々に展開された言語形式は、「統叙」によってまとめられ、「陳述」という「文の終わり」を示す標識によって、文が「完結する」のである。このようなことが、これまで統語的関係を説明する際に用いられてきた概念であることを見てきた。

ここでもう一つ、統語的関係を端的に表している概念について言及しておきたい。それは「係り受け」である。

典型的な「係り受け」の構図は、「係り」を担う部分の「修飾語」

と、「受け」を担う部分の「被修飾語」との相互関係として描くことができる。連体修飾の関係で言えば、「私が買った本」であれば、修飾語「私が買った」の部分が「係って」いって、被修飾語「本」がそれを「受ける」という具合である。同様に、連用修飾の関係であれば、「ゆっくり走る」は「ゆっくり」という修飾語が「係って」いって、「走る」という被修飾語で「受ける」ことになる。

「AさんがBさんにCさんを紹介した」においても、「Aさんが」「Bさんに」「Cさんを」が「紹介した」に「係って」いって、「紹介した」がそれらを「受けて」いる。先の「展叙」と「統叙」という用語を借りるならば、「統叙」という被修飾語に対して、「展叙」という修飾語が「係って」いって、「統叙」でそれを「受けて」いると考えることもできるであろう。

また、古代語では、「係り結び」という統語的関係を表す法則があった。「係り結び」というのは、たとえば「いずれの山か天に近き」という文では、「か」という係助詞の存在によって、文末述語の形態を終止形ではなく連体形という特別な形にして、文を終止させなければならないというものである。つまり、「係り結び」は、係助詞が文末述語に「係って」いっているのであり、その係助詞の存在に起因して、述語「近し」はそれを「受けて」いることが、連体形を取っているというその形態からわかるのである。

では、このような「係り受け」という概念は、日本語のあらゆる言語形式のレベルで用いることのできる概念であろうか。統語的関係を表す概念として、普遍的に用いられる概念なのかどうかを考えてみたい。

「係り受け」を表す、「修飾語と被修飾語」あるいは「係り結び」と

第1章　統語的関係を表す概念

いった統語的関係を表す概念は、文の成分と文の成分の間（たとえば「白い花」のように「白い」と「花」の間、あるいは「本を読む」のような述語と補語の間）の関係を指すときに用いられる概念である。つまり、「係り受け」という概念は、一般には、一語と一語の間、あるいは一文節と一文節の間における相互関係を言い表すための概念なのであって、一語あるいは一文節内の内部構成の関係に対しては、用いられにくい概念ではないかと思われる。

　たとえば「お花」という語の、丁寧さを表す接頭辞「お」は、それが「花」に「係って」いるとは普通は言わず、このような場合は、せいぜい「付いて」いると表現されるのではないだろうか。また、同様に、「食べた」の場合も、動詞「食べ（る）」が過去・完了を表す助動詞「た」に「係って」いるとは言わずに、やはり「た」は「食べ（る）」に「付いて」いると言うであろう。さらに、「学生が」であれば、「学生」は「が」に「係って」いるとは言いがたく、この場合も、名詞「学生」に、格助詞「が」が「付いて」いると描写するのが、通常の言い表し方なのではないだろうか。

　このように、「付いて」いるのか「係って」いるのかは、直近に隣接して一語（一文節）を形成しているか否か、あるいは、二者の関係に、非独立要素（たとえば接頭辞のようなもの）を含んでいるか否か、というぐらいの差でしかないように思われる。

　いずれにせよ、そもそも、ある言語形式がある言語形式に「付いて」、あるいは「係って」いるという関係は、なぜそうであると言えるのであろうか。

　古代語の「係り結び」であれば、文終止の述語が特別な形を取ることから、その係助詞と述語との間には、なんらかの呼応関係があるこ

とが見て取れる。他にも、たとえば、英語では、'He is my friend.' という文であれば、主格の名詞'He'は、述語に対して、be動詞の中のどの形態を取るのかの指示を与え、それが'is'であるとするような、ある種の呼応関係を示していると言える。このような関係は、文中のある要素が述語の形態に影響を与えるという意味では、「係り結び」と似ているもので、その点においては、'He'は'is'に「係って」いると言ってもよいかもしれない。

しかし、一方で、たとえば日本語の連用修飾の場合、「ゆっくり走る」の「ゆっくり」という語が「走る」に「係って」いるとする根拠は、少なくとも形態的には見出すことはできず、あくまでも意味的にそう解釈していると言わざるをえない。また、連体修飾の場合、「白き花」「話すべきこと」における「白き」「べき」は、連体形という統語的機能に特化した形を取っていればこそ、それが名詞に「係って」いることがわかるのである。

ところが、「言ふ人」の「言ふ」のように、終止形、連体形がそもそも古来より同形であるものは、それが連体形なのか終止形なのかは、その後に接する語を見て区別しているに過ぎないのである。言うまでもなく、現代語ではほとんどの活用語の終止形と連体形は同形であるために、やはり形態的には「係って」いることは明示されていないのである。

しかしながら、形態的には必ずしも明示されていないにもかかわらず、それでもなお、ある言語形式がどこかに「係って」いき、また、別の言語形式がそれを「受けて」いることは、自明のことと言っても過言ではないであろう。そして、そのような構図こそが、統語的関係を表す基盤の概念であり、また、それこそが、統語的原理なのではないかと思われる。日本語を構成する統語的原理は、必ずしも目に見え

第1章　統語的関係を表す概念

る形で具体的に現れるものではない。しかし、統語的原理とは、文を構成する際に働く原動力のようなものであり、それは、語のレベル、句のレベル、文のレベルの如何にかかわらず、言語形式と言語形式の間に働く、動的な力であると考えられるのである。

渡辺（1971；384）には次のようにある。

> 活用体系の整理が形態そのものよりもむしろ構文的職能を基準としてなされるべきであったのと全く同様に、品詞分類もまた、構文的職能を唯一の基準として進められるべきであると考える。

いわゆる学校文法における単語の認定とその品詞分類は、「形態」「意義」「職能」の三つの要素を総合的に見ることによって体系化されている。そして、「単語」を「品詞分類する」といったことが、特に疑問に思われることもなく、一般には理解されているところとなっている。

しかし、松下（1930）が指摘していたように、もし欧米語で言うところの「詞」が、渡辺実氏の「関係構成の職能」をも含むものなのであれば、日本語の場合は、「単語」を認定することと、「品詞」を認定することとは、異なった次元にある作業だと言わなければならない。

そして、渡辺氏の指摘するように、品詞分類は、「構文的職能」のみから見た言語形式の分類でなければならないと考えるならば、その分類を可能とするような、すべての言語形式にわたって適用される統語的原理を明確にする必要がある。

そのように考えると、「意味的」ではない「統語的」な原理である、統語的原理を明らかにしようとするならば、一般に通用している「名

詞」「動詞」「助詞」といったような品詞論の枠組みにある概念は、効を奏さないことになる。なぜなら一般に通用している日本語の品詞は、統語的性質のみによって分類されたものではないからである。

　もし仮に、統語的な性質のみによって分類することができたとすれば、たとえば、ある同一の品詞に属する二つの言語形式が、別の種類のものであるということになったり、あるいはその反対に、異なる品詞に属する二つの言語形式が、区別する必要のない同種のものである、というようなことが、起こるのではないかと予想される。つまり、統語的原理は、品詞間をまたぐ形で見いだされるものではないかと思われるのである。

　したがって、一般に通用している品詞名は、便宜的に用いることはあっても、その品詞別に統語的性質が整然と区別できるようなことはない、と考えるのが本研究の立場である。

　では、端的に言って、統語的性質、統語的関係などという「統語的」とは、どのような現象のことを指すのであろうか。それは、既存の概念で言えば、まさに「係り受け」という言葉の中に見いだせるものだと思われる。

　すべての言語形式と言語形式の間の統語的関係を表す概念には、その基盤となるものに、いわゆる「係り受け」の関係があると考えられる。ただ、一般に通用している「係り受け」と考えるわけにはいかない。なぜなら既に述べたように、一般に「係り受け」として示される対象は、通常は文の構成要素である文節の単位、あるいは連体修飾、連用修飾のレベルの関係に限られる傾向にあるからである。つまり、「係り受け」は、その前提として、しかるべき語の品詞の認定がまず最初にあり、それを一つの単位として描く統語的関係であるからであ

る。したがって、その品詞そのものが統語的関係のみから規定されているわけではないために、「係り受け」という用語をもって、直ちにそれを統語的原理とすることはできないのである。

そこで、統語的原理を規定するためには、ある言語形式と言語形式が統語的にどのようなメタ言語的関係を結んでいるのかについて、すべてのレベルにおいて根源的に適用される概念が必要となる。つまり、それは、一般にいう「係り受け」という用語で指し示される概念も含むものであり、かつ、すべての言語形式と言語形式との統語的関係についても、広く指すことのできるような概念である。

ただ、問題なのは、統語的関係というのは、視覚的にはとらえにくいものであるという点である。このことは、おそらく日本語のみならず、他の諸言語においても同様なのかもしれない。もし仮に、統語的原理にあたる概念が言語形式として具体的に表されるものであったとしても、形態的には異なる種類のものであったり、あるいは、言語形式としては、無形（ゼロ形式）であるために、指し示して説明することが困難であるようなことが起こるのではないかと思われる。

もし、このような「係り受け」をも含む、広い意味での統語的関係を表す概念が規定できたとすれば、それは、おそらく日本語以外の膠着語にも適用される、普遍的な概念にもなり得るのではないかと思われる。つまり、統語的原理として考えられるものは、膠着語に属する他の言語の、ある種の言語形式に対しても言い表すことのできる概念になるかもしれないであろう。

3．「収束」「展開」という概念

いわゆる統語的関係を表す概念には、「機能語」と「実質語」、「自

立語」と「付属語」、「修飾語」と「被修飾語」、「詞」と「辞」、「展叙」と「統叙」、「係り受け」、といったように、二項対立をなす傾向があることを見てきた。そして、このような概念には、言語形式と言語形式の間に働く動的な力を発揮する言語形式があり、それによって文が生み出される、という構図が含まれていることを述べた。統語的な関係を構築するためには、動的な力が必要なのである。

そこで、以上のような考察を経て、さまざまな統語的関係を表す概念に一貫して通じるような、統語的原理となるものとして、新たに提唱したいのが、「収束」と「展開」という概念である。

機能語とは、言語形式と言語形式の間の統語的関係を構築することに、もっぱら寄与する言語形式である。したがって、少なくとも機能語の類であれば、それがもつ統語的性質として、次の二つの側面があると考えられる。それを「収束」と「展開」と呼ぶ。そして、各々をひとまず定義しておくと、以下のようになる。

「収束」：一つのまとまり（単位）を形成しようとする働き、すなわち内側（文頭側）に向かう作用
「展開」：他のまとまり（単位）に向かって関係をもとうとする働き、すなわち外側（文末側）に向かう作用

3－1．統語的関係を表す基盤概念

「収束」と「展開」という概念は、これまでにも、ある特化した言語現象に対して、種々に言い表されてきた統語的関係を表す概念すべてを含むものである。したがって、あらゆる統語的関係に通じる基盤概念であり、統語的原理にもなり得ると考えられるものである。

たとえば、「係り受け」や「修飾語と被修飾語」と言うとき、それぞれにおける二つの概念に内包される対立は、語句の統語的関係を指すものであり、さしずめ、各々の前者が「展開」で、後者が「収束」に換言することができる。つまり、「係り」は、文末の方向に向かって関係をもとうとする働きであり、「受け」は、そこでその「展開」を打ち止めにして、文頭側にある言語形式について、ひとまとまりの単位にまとめ上げようとしているものと言える。

「修飾語と被修飾語」というのも、つまるところ、その統語的関係が「語」という言語形式に投影されたものを指すのであって、そこに備わる統語的関係は「係り受け」そのものである。

また、用言の活用という現象も、統語的関係を表す概念としてとらえることができるものの一つである。

活用を統語的に描写するならば、活用形は、何かに係っていこうとするもの、すなわち後続する言語形式の存在が期待されるものと、そうでないものとに大きく二分できる。後者は、いわゆる終止形であり、それは、そこで何かに係っていこうとする「展開」を止め、「文」というひとまとまりの単位にまとめ上げる「収束」の機能を発揮するものである、と言うことができる。

また、前者には、その典型として、未然形、連用形、連体形、仮定形が思い浮かぶ。これらを「終止形」に対して、一括して「非終止形」と呼んでおくならば、このような「非終止形」をとる用言は、そこに必ず後続する言語形式がある。すなわち、文末の方向に対して、動的に働きかける「展開」を見せるものだと言える。

未然形、連用形といった活用形は、その用言にどのような言語形式が後続するのかを暗示したものだと言える。たとえば、助動詞「な

い」を後続させたいのであれば、未然形をとるといったように、活用形は、後続する言語形式によって形を違えることで、多様な「展開」の仕方を見せている、と言うことができる。

また、山田（1936）は、「陳述」という概念を提唱したが、これも、「収束」の作用そのものを表した概念であると言えよう。

「陳述」は、一連の言語形式の連鎖に対して、それが一つの「文」であるとするときに、その文末に付与される統語的関係を表す概念である。すなわち、「陳述」が付与されるところが「文の終わり」である。そこが「文の終わり」であることを積極的に示す機能が「陳述」であるならば、「陳述」には、一つの「文」であるという、ひとまとまりの単位に括り上げる作用が生じている、と考えられる。

したがって、「陳述」は、文頭に向かって一つのまとまりを形成しようとする「収束」の一つのあり方である、と言うことができるのである。

また、時枝（1941）に見える「入子型構造形式」では、「辞」が「詞」を包み、かつ統一するものとして、言語構成の単位が描かれていた。ここで示されている「辞」のイメージは、まさに「収束」そのものである。時枝氏は、「辞」が「詞」を「総括する」と述べているが、このことは、「辞」が、その直前に接する「詞」をひとまとまりの単位となるように括り上げているようすを明示的に表している。

渡辺（1971）における「展叙」と「統叙」についても、それはそのまま「展開」と「収束」の構図に当てはめることができる。述語の補

語である「展叙」が、文末の方向に向かって関係をもとうとするようすは、まさに「展開」そのものである。そして、文末にある述語が、「統叙」として、叙述内容をもつ一つの単位にまとめ上げるようすは、「収束」に通じるものである。

　以上のように、これまで種々に言い表されてきた統語的関係を表す概念には、その基盤となるところにすべて「収束」と「展開」が見てとれるのではないだろうか。このようなことから、統語的関係を描くうえで欠かすことのできない統語的原理として、「収束」と「展開」という概念を創設しようとする次第である。

3−2．統語的関係を表すための説明原理

　これまで、さまざまに言い表されてきた統語的関係を表す概念は、語のレベル、句のレベル、文のレベルなど、あるレベルの中でのみ適用されるものであったり、また、ある特定の範囲における係り受けを指すものであった。しかし、「収束」と「展開」という統語的原理は、そのような言語形式が所属する範疇を超えた、ある種の係り受けのような体をなすものである。では、なぜこのような統語的原理を設けておく必要があるのだろうか。あるいは、そのような統語的原理を設けることで、明らかになることがあるのだろうか。

　これまでに、種々の言語現象の統語的関係を扱った先行研究の中には、このような統語的原理に相当する説明原理がないために、その言語現象が適切に描くことができない、といったことを指摘しているものが少なからずある。

　たとえば、統語的関係の問題を、より上位の次元で、何らかの形で

統一的に扱う必要があることについては、近藤（2000）にも指摘がある。近藤泰弘氏は、歴史的に日本語の格助詞が接続助詞へと機能が変化すること、およびその連続性について、次のように述べている。

> これらの現象の完全な説明のためには補語と述語との意味的関係と、文と文との意味的関係とに共通するような一段上のレベルの説明原理が必要なのであるが、今のところそのような理論は存在しない。
> 近藤(2000：399)

また、これと似たような指摘は、山口（1973）にも見られる。山口佳紀氏は、「既に」「如何に」のような副詞相当の語尾の「に」について、「語の外部要素とされる格助詞と、語の内部要素とされる接尾辞とは、実は連続的な存在である」と述べている。うがった見方をすれば、ここに見える見解は、「に」という言語形式が、統語的な振る舞いとは別のところで、言語形式の認定（たとえば、一方は助詞で、一方は接尾辞であるとする）がなされていることを問題視しているようにも思われる。

また、渡辺（1971）は次のように述べている。

> 構文的職能は内面的意義に託されるものであって、「単語」の持つものでなく、或いは「形式」の認定がすんで後に職能の吟味が可能となるのではなく、むしろ「単語」や「形式」の認定に先行して構文的職能の研究は行われるべきであって、・・・
> 渡辺(1971：18)

歴史的に見ても、言語研究はまず「形式があるもの」から出発し、

第 1 章　統語的関係を表す概念

それを根拠にして分析しようとするものであった。つまり、言語形式の一つの単位、すなわち単語の認定が済んでからでなければ、文における言語形式と言語形式の関係、すなわち統語的関係を描くことはできなかったのである。しかしながら、一般に通用している言語形式の分類は、西洋文典の枠組みを元にしたものであるため、そのことによる功罪があることは否めない。欧米語の統語的関係がまず自明のこととしてあって、それに則ったうえでの単語の認定であったにもかかわらず、その統語的関係の部分は考慮せずに、単語の認定の部分だけを日本語に適用してきたわけである。

　上記の渡辺実氏の指摘は、そのような歴史的背景から見れば、非常に説得力のある考察ではないかと思われる。つまり、真に統語的関係を描こうとするのであれば、まずは、いわゆる品詞論の枠組みを取り払わなければならないのであり、その方が、より適格な描写に近づくことができるのではないか、というわけである。

　渡辺氏や近藤泰弘氏の指摘は、言語形式をより俯瞰的にとらえることの必要性を説いていると言えよう。そして、日本語における統語的原理は、おそらくそのような視点に立つことによって、見えてくるものではないだろうか。すなわち、統語的原理は、少なくとも既存の品詞論の枠組みや文法項目に依存しないかたちをとることによって、説明が可能となるのではないかと考えられるのである。

　統語的原理というのは、語のレベル、句のレベル、文のレベルなどにかかわらず、言語形式が他の言語形式に係っていったり、係っていくことをやめて、そこでまとめに入ったりするというような、言語形式と言語形式を連結したり離したりする動的な作用である。そのよう

な動的な作用として、従来さまざまにとらえられてきた統語的な概念を、統一的な原理である「収束」と「展開」に集約することによって、種々の統語的関係を表す概念が、より平易に一般化して描けるのではないかと思われる。そして、このような統一的な原理を設けることによって、特に機能語にまつわるさまざまな言語現象に対しても、それがそのようにあるべき理由が、同じ原理に基づいたものだとして、一貫して説明できるのではないかと思われる。

3－3．統語的原理と言語観

言葉が構築されるさまは、統語的には「収束」と「展開」から構成される小さな単位が、「入子型構造形式」のように幾重にも折り重なり、それが枝葉のように広がる形状をなしているのではないかと思われる。言葉が統語的に結びついていくようすは、いわば、マンデルブロ集合[8]のような体をなしているとでも言えるかもしれない。つまり、ミクロの世界で起きている統語的な関係のあり方は、マクロの世界においても、それと同様のあり方で存在するのではないか、というわけである。

語のレベルにおける「収束」と「展開」の一例としては、いわゆる接辞の類が挙げられる。「お手紙」における「お～」は、後に必ず何かを後続させる言語形式であり、「お話」「お荷物」などの接辞「お」は、文末の方向に向かって係っていく「展開」を担うものである。また、一方で、「深さ」「静かさ」の「～さ」は、文頭の方向に向かって一つの名詞句を形成する言語形式である。「～さ」は、そこで「展

---

8) 瓢箪に似た図形の周囲をさらに拡大して見ると、そこにはまたフラクタル（自己相似的な）図形が無数にくっついたような形状をしているというもの。

開」を打ち止めにして、一つのまとまりを形成するということで、「収束」を担っている、と言うことができる。

　句のレベルにおける「収束」と「展開」の一例には、連体修飾の関係が挙げられる。たとえば、「私が買った本」と言う場合、「私が買った」という修飾部分は、被修飾語の「本」に向かって係っていくという「展開」を担っている。そして、その一方で、被修飾語の「本」は、係ってきた「展開」をそこで打ち止めにして、一つの名詞句を形成する「収束」を担うのである。

　文のレベルにおける「収束」と「展開」の一例には、主部と述部の関係が挙げられる。「何がどうした」という「何が」に相当する主部は、文末に向かって、その落ち着き先を探そうとするように「展開」する。そして、述部は、それを文末で受けることによって、一つの叙述をまとめ上げるという「収束」を発揮するのである。

　このように、「収束」と「展開」は、すべての言語形式と言語形式の統語的な関係を表す概念、すなわち統語的原理であると考えられる。このような見地から日本語の言語現象を見渡してみると、既存の概念では説明できなかった事柄がうまく言い表せたり、また、一見無関係に見える事柄がつながって見えることがあるのではないかと思われる。そして、品詞論の呪縛を解くことで、もし、別の体系が見えてくるとすれば、それは大変興味深いことである。

　「収束」と「展開」は、まるでプラスとマイナスのように相反する概念である。言葉は、一つの単位にまとまろうとするかと思えば、またその一方で、その外側に対して広がりをもとうともする。まとまり

たいのか、まとまりたくない（広がりたい）のか、一見すると矛盾しているようだが、そのような「収束」と「展開」が拮抗する営みこそが、言葉が生み出されていく有り様なのではないかと思われる。

　言葉は、「収束」と「展開」という二つの原動力が拮抗することによって生み出されるものである、という言語観から、日本語における統語的関係は、一体どのように具体的に描けるのかについて、次章以降で検証していくことにする。

第2章

日本語における補文化辞

　日本語の統語的関係を表すさまざまな概念は、「収束」と「展開」という統語的原理に支えられていると考えられる。いわゆる実質語に対する機能語は、統語的関係を示すのに特化した言語形式であると言うことができ、それは、文中における交通標識のようなものとも考えられる。

　交通標識と聞いて、すぐに思い出される概念がある。それは、主として生成文法において、「補文標識」と呼ばれているものである。日本語の場合、「補文標識」は「補文化辞」と呼ばれることが多いように思われるので、以下、「補文化辞」という用語を用いることにする。

　ふつう補文化辞は、日本語の一般的な品詞論の枠組みで言えば、「こと」や「の」などの形式名詞や、「と」や「か」などの助詞、そして、「という」や「ように」などの連語の一部に相当するものとされている。補文化辞という概念の発想は、これまで日本語の伝統文法にはなかったものであり、まさに品詞論の枠組を超えた概念であるとともに、典型的な機能語の類であると言える。

　本章では、補文化辞という概念に着目し、それを日本語に援用することによって、日本語の統語的原理「収束」と「展開」について、具体的な検証を行ってみたい。

1. 補文化辞の再定義

　実質語に対する機能語は、統語的関係を示すのに特化した語であると言ってもよい。したがって、統語的関係を示す事柄を考察するには、まずは、機能語の類が見せる言語現象を、その考察対象とするのがよいであろう。

　しかし、そもそも日本語における機能語とは、具体的にはどのような言語形式を指すのかと考えたとき、既存の品詞論の枠組みで峻別することは非常に困難である。もっとも、一応の目安として、少なくとも「は」「が」などの助詞や「しかし」「だから」などの接続詞の類がそれに該当する、というような一般的な見解はある。しかし、それが機能語であるとする理由が「統語的関係を示す語であるから」というのであれば、その「統語的関係を示す」ということが具体的にどのように一般化できるのかが明確になっていない以上、循環論に陥ってしまうことになる。

　そこで、機能語のもつ統語的関係を明らかにするために、今ひとたび援用したい概念がある。それは、補文化辞である。

　補文化辞とは、補文標識とも呼ばれているもので、特に生成文法の分野で使用される用語 'Complementizer' のことであり、'I think that he is honest.' や 'I wonder if (/ whether) he is honest.' などの構文に現れる 'that' や 'if' 'whether' の語に相当するものである。補文化辞は、一般に英語の場合は、埋め込み文（'he is honest' の部分に相当）の前に置かれ、後続する文を全体として一つの補語となるようにまとめ上げる標識となっている。そして、補文化辞は、非

語彙範疇（機能範疇）の一つに含まれるものである。

　この補文化辞という概念は、文の構造を説明するときに用いられるものであるが、それは、統語的な観点のみが含まれているという意味で、極めてユニークな概念である。その出自が生成文法であったということにも起因するのであろうが、補文化辞は、文法用語として異色の概念設定である。実質的な要素を一切含まないという性質から言って、補文化辞が統語的関係を示すことのみに特化した言語形式だとすることに、まず疑いの余地はないであろう。そして、特にこれまでの伝統的な日本語の文法論には、まず見られなかった概念だと言ってもよい。

　既に述べてきたように、日本語の統語的原理を明らかにするには、まずは、機能語の類がその考察対象に挙げられる。しかし、日本語における機能語は、品詞論の枠組みにあるものからは、うまく取り出すことができない。では、どうすれば日本語の言語形式の中から機能語を適切に取り出すことができるだろうか。

　そこで、ここに一つ妙案がある。それは、もし、日本語で補文化辞に相当する言語形式が見いだせたならば、それは、まず間違いなく機能語の類に該当すると認められるのではないかということである。日本語において補文化辞を見いだすことが、ひいては、典型的な機能語を得るための適切な手段になるのではないかと思われるのである。

　では、日本語では、どのような語が補文化辞に相当するのだろうか。

補文化辞を日本語の研究に適用した先駆けには、Nakau（1973）、井上（1976）、Josephs（1976）等が挙げられる。ただ、Nakau（1973）が 'Complementizer' として認めているのは、「明日は晴れると言った」のような引用の助詞「と」と、それに似たような役割をする「という」「ように」（「桜という花」「早く行くように言った」の下線部に当たるもの）であるのに対して、井上（1976）は、形式名詞「こと」「の」についても、それらを補文化辞として認めている。

　生成文法を日本語に当てはめた研究を概観する限り、何を日本語における補文化辞と認めるのかについては、一致した明確な見解があるわけではないように思われる。概ね、英語の文型を日本語に翻訳することによって得られた、引用の助詞「と」と、意味的に「と」に関連する「という」「ように」、疑問の助詞「か」が、まずは日本語の補文化辞として一般に認知されている言語形式のようである。そして、これ以外では、せいぜい形式名詞「こと」「の」（「私が聞いたことを話した」「飛行機が飛んでいるのが見える」の下線部に当たるもの）が、日本語の補文化辞として扱われている、といった具合である。

　では、補文化辞とは、そもそもどのような統語的機能をもった言語形式なのであろうか。ここで、補文化辞のもつ機能について、再考してみたい。

　補文化辞とは、補文、すなわち節を導くために文中に置かれる非語彙的範疇（機能範疇）である。主語、述語、目的語という語順をもつSVO言語である英語の場合、補文化辞は、節（埋め込み文）の前に置かれ、この後に節が後続することを示す標識となるものである。しかし、主語、目的語、述語という語順をもつSOV言語である日本語

の場合は、それは、節の後に置かれる。そうすると、日本語における補文化辞の機能とは、導いてきた節が文の一部分として組み込まれることを示す標識だということになる。

英語の場合：　　I　think　　that　　[he is honest].
　　　　　　　　　　　　　　補文化辞　　埋め込み文

日本語の場合：　私は　[彼は正直だ]　と　　　思う。
　　　　　　　　　　　埋め込み文　　補文化辞

　補文化辞は、英語の場合は「文のはじめ」に置かれるが、日本語の場合は「文の終わり」に置かれる。したがって、このような補文化辞の機能を端的に言い表すとすれば、日本語における補文化辞とは、文がそこで終止するのではないことを示す標識、すなわち、「文の終わり」ではないことを示す標識である、と読み替えることができるのではないだろうか。つまり、日本語の補文化辞は、「文の終わり」に見えるような場所に置かれることで、実はそこが「文の終わり」ではないことを示し、この後に何らかの言語形式が接することを示す標識である、と言えるのである。

　では、日本語において「文の終わり」ではないことを示している言語形式には、どのようなものがあるのだろうか。

（1）a　あした学校へ行く。
　　　b　あした学校へ行く と 言った。
　　　c　あした学校へ行く か（どうか）わからない。
　　　d　あした学校へ行く こと を知らなかった。
　　　e　あした学校へ行く から 図書館にも寄れる。

上記の例（1）aは、一つの文である。しかしaに対して、bは、「あした学校へ行く」で、文が終止してもよさそうなところを、補文化辞「と」が、節「あした学校へ行く」を受け止めている。そして、「行く」が主文末の述語ではないことを示し、「言う」述語文の内部の一要素にとどまることを示す機能を果たしている。つまり、補文化辞「と」は、直前に接する語「行く」を引き受け、「言う」の補語（目的語）として、一つにまとめ上げる機能をもっていると言える。
　同様に、（1）cについては「か」が、また（1）dについては「こと」が、それぞれの主文述語「わからない」「知らなかった」の補語となるように「行く」を引き受け、一つの名詞句にまとめ上げていると言える。
　また一方、（1）eのように「から」は、主文述語の「寄れる」に対しての補語とはなっていないものの、「行く」という述語に「から」という接続助詞が接することによって、そこが主文末ではないことを示している。
　つまり、助詞「と」「か」、形式名詞「こと」、接続助詞「から」は、統語的には同じような環境に現れ、「行く」が主文末であることを阻止するような構造になっているという意味では、これらは、すべて同種のものであると言える。したがって、このような助詞、形式名詞、接続助詞の類は、日本語では補文化辞に相当するものとして考えることができるのではないだろうか。

　一般に、横並びに配置された言語形式の連鎖を解釈していく場合、主部に続いて文終止の活用形を取った用言が現れると、ひとまずそれが「文の終わり」であることを予測させる。しかし、助詞や連体修飾の被修飾語に導かれることによって、文終止の活用形を取った用言は、主文末以外にも生起することがある。そのような場合、そこに現

れる助詞や形式名詞の類が「文の終わり」ではないことを示していると考えられる。すなわち、これらは、この後さらに何らかの言語形式が後続することを示しているのであり、まだ文形成の途中であることを示す標識となっている、と考えられるのである。

　　日本語では、実質的な意味をもたず、文が終止しそうなところに位置して、それが「文の終わり」ではないことを表すものが、補文化辞である。

　もし、補文化辞を上記のように考えるならば、日本語では、文終止の活用形を取った用言を受ける、実質的な意味をもたない語の類は、すべて補文化辞に相当する、ということになる。すなわち、補文化辞は、ある種の助詞や形式名詞の類にも広く当てはまることになる。そして、それらは、奇しくも結果的には、一般に広く機能語として認知されている語群に含まれるものともなっている。

　そもそも、伝統的な日本語の文法論には、「文の終わり」ではないことを示すものを、一つの概念で言い表せるような用語はなかった。ただ、一方で、「文の終わり」を言い表しているものはあった。それこそが、かの「陳述」という概念である。今ひとたび、その「陳述」の概念の規定が難しかったことを思い起こすとき、なぜそれが困難だったかと言えば、それは、「陳述」に対置する文法概念が規定されていなかったからではないだろうか。

　「陳述」と「補文化辞」とは、二項対立をなす統語的関係を表す概念なのではないかと思われる。すなわち、前者は「文の終わり」であることを、後者は「文の終わり」ではないことを示す、統語的な関係を表す概念なのである。そして、それがどのような言語形式で現れ

のかが明確にされにくいことも、両者に共通する特徴だと言えるであろう。

　日本語における補文化辞にどのような言語形式が該当するのかについては、品詞論の枠組みどおりにはなかなかうまく言い表すことはできない。しかしながら、それをあえて言えば、日本語における補文化辞とは、ある種の助詞、さらには連体修飾節における形式名詞の「こと」や「の」などのように、文終止の活用形をとる用言に接する機能語、といったものに相当することになるであろう。

　そこで、日本語における補文化辞とは、「用言（文終止の活用形）を承けて「文の終わり」ではないことを表す、実質的な意味をもたない言語形式である」と、再定義したうえで、さまざまな日本語の補文化辞が見せる統語的関係のあり方について、以下で検証していくことにする。

2．形式名詞

　一般に、名詞の下位分類に位置づけられる「こと」や「の」などの形式名詞の語群は、他の名詞とは確かに一線を画す特徴をもっている。しかし、そもそも名詞とはどのように規定できるものなのだろうか。数ある品詞の中でも名詞の定義が決して容易ではないことは、加藤（1972）も指摘しているとおりである。
　概して、日本語の伝統的な語の分類は、「体言」「用言」「てにをは」の三分類であった。「体言」とは「用言」に相対する概念であり、その区別は活用の有無にある。つまり、広義の「体言」には、活用しないものがすべて入るため、いわゆる連体詞（「あの」「その」「あらゆ

る」など）や副詞（「ゆっくり」「たくさん」など）の類も「体言」に含まれることになるが、名詞についても、そのような「体言」の下位分類として位置づけられることになる。

　しかし、一方で、時枝（1950）のように、「名詞」という用語は便宜的には用いても、あえて「名詞」という品詞は立てるべきではない、とする見解も見られる。このことは、「体言」における名詞とはどのような概念であるのか、また、名詞とそれ以外とを区別することが、思いのほか難しいものであることを示していると言えよう。

2－1．名詞と形式名詞

　まず、形式名詞の上位概念にあたる名詞とは、どのように規定できるのかについて整理しておきたい。一般にいう名詞の特徴を挙げるとすれば、以下のようにまとめられるであろう。

　　①実質的な概念を表す語
　　②単独で用いられ、格助詞が付いて述語の補語になれる語
　　③主語（述語に対する主体や動作主）になれる語

　一見、名詞のように見える語でも、①から③のすべてを満たしていないものがある。その一例が、「こと」や「もの」に代表される形式名詞と呼ばれるものである。形式名詞という用語は、松下（1924）に由来する。

　形式名詞は、①とは異なり、抽象的な概念をもったものである。また、②や③のように文中で機能するためには、絶対条件として、その形式名詞に「やさしいこと」「私が買ったもの」というような、連体修飾語が付いていなければならない。そうすると、このような形式名詞は、名詞と言うよりはむしろ、接辞の類に近い性質のものであるこ

とに気づく。

　接辞とは、「寒さ」「深み」「ひかえめ」など、形容詞の語幹や動詞の連用形に付いて、全体として一つの名詞を形成する言語形式である。このように、何らかの言語形式を上に伴って初めて文中で用いることができるという意味では、形式名詞と接辞とは、統語的には極めて似たような概念であると言える。

　ところが皮肉なことに、「自立語」と「付属語」、あるいは「詞」と「辞」の二大別から言えば、形式名詞の上位概念である名詞は、前者の典型的な概念にあるものとして位置づけられるのに対して、接辞は、明らかに後者に属するものであろう。同じような統語的機能をもっているにもかかわらず、一方は「自立語」で、もう一方は「付属語」であると言うのは、何とも矛盾するような観が否めない。

　このような点から考えても、時枝氏があえて名詞という範疇を立てなかったことは、確かに当を得た見解であり、また、統語的原理を考察するにあたっては、やはり既存の品詞分類の枠組みでは難しいことがわかるのである。

2－2．形式名詞の統語的特徴

　形式名詞は、名詞のようでありながらも、一般の名詞がもつ特徴を満たしていないものである。では、このような形式名詞に該当するものは、どのような言語形式があるのだろうか。さしあたって、連体修飾語が付いて初めて名詞として機能する、という点を重んじるのであれば、実に多くの語が形式名詞に該当することがわかる。

　井手（1967）は、形式名詞の類を、A）人、B）物、C）事、D）時、E）場所、F）様態、G）程度、H）目的、I）原因理由、J）

意志、K）蓋然態、L）代償、というように、文中における意味的な範疇で分類し、以下のようなものを形式名詞として挙げている。

A）ひと・者(もの)・かた・やつ・同士・やから・向き・連中・てあい・の
B）物・分・方・部・類・部類・やつ・の
C）こと・点・の・むね・よし・ところ・話・うわさ・次第・ふし・件(けん)・条(じょう)・儀・仕儀・趣
D）時・折・頃(ころ)・場合・際・あいだ・節・間(かん)・時分・うち・最中・さなか・たび・つど・ごと・ついで・当座・間(ま)・まぎわ・まえ・のち・うえ・やさき・ところ・以前・以後・とたん・せつな・拍子・はずみ・傍ら
E）ところ・とこ・あたり・きわ・辺・そば・うち・さき・まえ・うしろ・うえ・なか・した・箇所・の
F）風(ふう)・分(ぶん)・通り・調子・ふり・様子・ぐあい・なり・恰好・ざま・あんばい・はこび・まま・様(よう)・体(てい)・体(てい)たらく・仕末・模様・有様
G）ほど・ばかり・だけ・位・分(ぶん)・程度
H）ため
I）わけ・せい・いわれ・故・仔細・ゆえん・あげく・ため
J）つもり・気・考え・所存・心底・予定
K）はず
L）かわり

井手（1967：41）

たとえば、上記のL）代償の「かわり」という形式名詞は、確かに「休日に働くかわりに、月曜は休ませてもらう」のように言うことが

73

できる。しかし、「かわりがいないので、その日は私が出勤します」のように、修飾語が付かないで、通常の名詞のように使われることもある。上記に挙がっている形式名詞を一つ一つ精査すれば、まだ単独でも用いられそうな語が含まれていたり、また、他の似たような語で、ここには挙がっていないものもあるように思われるが、いずれにせよ、非常に多くの語が、形式名詞として機能するものであることがわかる。

　宮地（2007）は、統語的な観点から、このような形式名詞のもつ特徴を次のように挙げている。

　　①いわゆる代名詞・補文主名詞の用法
　　②（「〜だ」の形で）いわゆる「モダリティの助動詞」
　　③連用句を構成するいわゆる「とりたて詞」「形式副詞」「接続助
　　　詞」

　①は、「飛行機が飛んでいるのが見える」「考えることが大事だ」における「の」「こと」などの、文中における述語の補語になるという特徴を指している。そして、②は、文末における「今日は帰ってゆっくり寝ることだ」のような「ことだ」をはじめ、「のだ」「はずだ」「わけだ」「ところだ」など、全体として一つの助動詞として機能する特徴を指す。そして、③は、「書けるだけ書いてみた」のような「だけ」をはじめ、「ばかり」「ほど」「ため」「とき」など、文中で副詞句を形成するという特徴を指している。
　形式名詞の特徴としてまず挙げられるのは、それが形式「名詞」であることからも、典型的な名詞の特徴でもある①の用法であろう。しかし一方で、形式名詞が、助動詞あるいは副詞や接続助詞のような性

質を帯びたものになるという点は注目に値する。また、宮地氏によれば、②、③の用法にあたる形式名詞は、古代語では顕著には観察されず、もともと独立して用いられていたある種の名詞が、②あるいは③のいずれかに分散される形で、変遷を遂げていったという。

いずれにせよ、このような形式名詞と呼ばれる語群は、どれも修飾語である用言を受けることができ、全体として一つの名詞句となるように、前にある言語形式をひとまとめに括り上げる性質をもっている。したがって、このような形式名詞は、その前に接する言語形式を「収束」している、と言うことができるであろう。

ちなみに、形式名詞が「収束」を担っているという見立てについては、佐久間（1938）が「吸着語」という名称で言い表している内容とも通じており、非常に興味深い。「吸着語」とは、いわゆる形式名詞の類を指し、「先行の句または文に吸着してそれを一括するといふ特徴」をもつとしている。形式名詞の類がもつ統語的な側面に着目し、「一括する」と述べられている点は、「収束」という概念で表そうとしているものとも似通っている。

また、「吸着語」という語群を立てていることの背景について、佐久間（1966）は、以下のように述べている。

> 下に「に」がついたり、「の」がついたりすれば名詞で、助詞が下に来ないときは助詞だと言うことになると、あまりわりきれた考え方とはいえないようです
>
> 佐久間（1966：57）

上記は、たとえば「ほど」に関して言えば、「手が届くほどになった」のように用いられるときは名詞で、「兄ほど親しい人はない」と言った場合は、助詞と言わざるをえないことの矛盾を指摘しているものである。
　佐久間氏の「吸着語」という概念を創出した背景には、既存の品詞論における枠組みでは、統語的な関係はうまく説明することができないというもどかしさがあったのではないだろうか。「吸着語」という概念は、形式名詞の類がもつ統語的な関係をとらえようとするための、いわば苦肉の策だったように思われる。

　以上で述べたように、形式名詞に備わる「収束」については、おおかた確認できたのではないかと思われるが、それでは、形式名詞における「展開」とは、どのように認められるであろうか。

　たとえば、①の用法で、「考えることが大事だ」における「考えること」では、形式名詞「こと」は、「考える」を「収束」したきりで、「展開」には及んでいないように思われる。つまり、「考えること」だけでは、形式名詞「こと」で、全体として一つの名詞句が形成されているだけであり、そこで「収束」が終わって、そのまま放置された格好となっている。すなわち、「考えること」だけでは、その言語形式が「大事だ」という述語に対して、何らかの関係をもとうとしているようすはうかがえない。「考えること」が述語「大事だ」の「主体」として機能するという関係が構築されるとすれば、すなわち、「考えること」が「展開」に及ぶとすれば、それは、「こと」という形式名詞にあるのではなく、その後に続く格助詞の「が」によるものであると言える。実際、「考えること」で、そこで文として（一語文のような、一つの言い切りとして）終止していてもおかしくはないが、「考

えることが」となれば、「考えること」だけに比べると、そのあとに続く言語形式の存在がより期待されてしまうのではないだろうか。

　その点から言えば、③の用法で、「考えるとき、目を閉じる」における「考えるとき」では、形式名詞「とき」は、「目を閉じる」という述語に向かって、係っていると見ることができ、ここには「展開」があると思われる。

　総じて、日本語における補文化辞を、「用言（文終止の活用形）を承けて「文の終わり」ではないことを表す、実質的な意味をもたない言語形式」だとすれば、形式名詞は、確かに補文化辞に該当する。ただ、「展開」については一様ではなく、言語形式によって異なる振る舞いをする、ということが言えるであろう。

　形式名詞の「展開」については、次章でまたあらためて述べることにする。

3．準体法に関する表現

　古代語に特有の表現形式として、一般に準体法と呼ばれているものがある。準体法とは、用言の連体形がそれ自体で名詞相当となることによって、格助詞にも接することが可能となる表現形式のことである。

（2）仕うまつる人の中に心たしかなるを選びて（竹取物語）

　上記の（2）の下線部は、現代語ならば「心たしかなるの（人）を」となるもので、「心たしかなる」という連体形に直接、格助詞

「を」が接している。

　準体法は、このように被修飾語となる名詞や形式名詞「の」などが付かないままで、あたかも連体形自身が名詞そのもののように振る舞えるものであり、古代語においては普通に見られる用法であった。

　しかしながら、一方で、下記の（3）の下線部のように、形式名詞「こと」による用言の名詞化も、同時に古くから見られる表現である。

　（3）翁、竹を取る事久しくなりぬ。（竹取物語）

　もし、用言の連体形がそのままで名詞相当になれるのであれば、下記の（3）'のように「こと」がなくても文としては成立しそうなものである。しかし、ここは「こと」がなければ、若干、文としての落ち着きが悪いようにも感じられる（以下、例文中に付される「??」は、非文とまでは断定できないが、かなり非文に近いものであることを示す）。

　（3）' ?? 翁、竹を取る　久しくなりぬ。

　また、このあたりの時代の言葉は、現代語の書き言葉に比べれば、特に主格や目的格の格助詞の明示化は、必須ではなかったはずである。そうすると、下記の（4）は、（4）'のような表現が可能となりそうなものであるが、これも妙に文としての落ち着きが悪いように感じられる。

　（4）（かぐや姫）、月のおもしろ（く）出（で）たるを見て（竹取物語）
　（4）' ?? かぐや姫、月のおもしろく出でたる　見て

実際、「こと」や「を」がないと落ち着きが悪いと感じられることについては、大木（2004）が興味深いデータを示している。

大木一夫氏は、『源氏物語』に見える動詞連体形をすべて挙げ、その連体形の後に続く言語形式ごとに統計を出している。準体法に関するもので言えば、連体形の後に何らかの助詞が続くもの2518例に対して、単独で名詞相当になっているものは79例であったという。このことは、準体法をとる連体形がそのままで名詞相当となり、それが単独で文の補語となっているものは非常に少なく、準体法を取る連体形には、ほぼ何らかの助詞がその後に接しているということを示している。

そこで、ここに一つの疑問が生じる。準体法における連体形は、「連体形自身が名詞相当である」というのが、一般的な見解になっているのであるが、果たしてそう考えた方がよいのであろうか。

準体法における連体形は、その後に格助詞が直接付いている。そしてそのことは、確かに名詞が立つ統語的位置とも同じである。しかし、だからと言って、その連体形は「名詞相当の語」だとしてもよいのだろうか。それは、たまたま本来名詞が占めるべき位置にあるというだけのことであって、厳密には、「連体形＝名詞相当の語」とは、言えないのではないだろうか。つまり、連体形は、その活用名が示している統語的機能のとおり、あくまでも連体修飾を担っているものなのではないだろうか。連体形は、その後に接するものに対して「展開」する形なのであり、決して「収束」する形ではない、と思われるのである。

このように考えると、準体法が見せる構図は、以下のように説明することができる。

　連体形は、「非終止形」であり、「終止形」ではない。したがって、連体形は「非終止形」が一律に有している「展開」という統語的原理に支えられている。つまり、文末に向かって何かに係っていこうとする性質をもつ。そして、一方で、補文化辞に相当する助詞が、その連体形を引き受け、そこに「収束」が働くことによって、全体として一つの補語が形成されるのである。すなわち、被修飾語に実質語がくる通常の連体修飾の関係と、連体形に直に助詞が接する準体法とは、「収束」という同じ統語的関係によって支えられているというわけである。一般には、「出でたるを」の構文を説明する際には、「「出でたる」が「を」を「修飾している」」とは言わないであろう。しかし、統語的原理「収束」と「展開」の見地から言えば、「出でたるを」も「出でたる月」も、同様に説明することができる。

　つまり、いずれの「出でたる」にも連体形のもつ「展開」が働いており、一方で、格助詞「を」と名詞「月」は、「出でたる」を「収束」という形で引き受け、一つの単位にまとめ上げている。したがって、「出でたるを」と「出でたる月」は、統語的には同じ「収束」という関係で構成されているのであるが、両者は、「収束」に関与する言語形式の種類（一方は助詞で、もう一方は名詞）が異なっているだけである、と言うことができるのである。

　ところで、古代語における準体法の多くが、その後に助詞を伴っていると述べたが、では、助詞を接していないものは、どのように解釈したらよいのであろうか。

（5）手叩けば　山彦の答ふる　いとうるさし（源氏物語）
（6）ある人の子の　童なる　ひそかに言ふ（土佐日記）
（7）清気なる女　袙袴（あこめはかま）着たる　高杯に食物を据えて持て来たり
　　（今昔物語）

　上記の例の下線部に見える連体形は、「展開」を担う「非終止形」であることには変わりないのであって、これらも、助詞が後に接する連体形の場合と同様、名詞そのものではない。したがって、もし、それを踏まえたうえで厳密に口語訳するのであれば、本来は、その連体形の部分が「展開」していることを示すような表現であることが望ましい。しかし、現代語にそれを反映させるような表現が見当たらないのであれば、文中に明示されている、その連体形の被修飾語に相当しそうな名詞を補う形で、言い直すしかないであろう。

　たとえば上記の（5）であれば、「山彦」が「いとうるさし」なのであり、「答ふる山彦」が「いとうるさし」である、という意味的関係が、容易に思い浮かべられる。同様に、現されている事態を描写するとすれば、（6）であれば、「童なる、ある人の子」が「言ふ」のであり、（7）であれば、「袙袴（あこめはかま）着たる、清気なる女」が「持て来たり」である、ということには、相違ないであろう。
　しかし、あえてそうは表現しないところに、このような準体法のもつ特質があるのだと考えられる。すなわち、このような表現形式を取ることによってこそ表せる情景描写であったり、話し手の表現意図といった内容があるのだと推測されるのである。

　そうすると、そのような準体法がもつ特質とは、一体どのようなものなのかと考えたとき、思い出されるのは、英文法における「非制限

用法」（継続用法）と呼ばれる関係節についてである。

　英語では、関係代名詞を用いて関係節を構成する際に、被修飾語である名詞の前にコンマを打つ場合がある。一般には、コンマを打たないものを「制限用法」（限定用法）というのに対して、コンマを打つものは「非制限用法」（継続用法）と呼ばれている。

　（8）The pretty woman who is a typist, is my wife.
　（9）The pretty woman, who is a typist, is my wife.

　上記の（8）が制限用法で、（9）が非制限用法の例である。前者は「タイピスト（である中）のかわいらしい女性が」というように、女性は女性でも、タイピストであることが条件となっているような制限がかかっている。それに対して後者は、「かわいらしい女性がいて、（ちなみにその人は）タイピストであるのだが」というように、「タイピストであること」が補足説明となるように訳し分けられることになっている。

　なお、日本語の連体修飾節においても、これと似たような制限用法と非制限用法があるように思われる。しかし、その区別は、言語形式では判断することはできず、文脈などの意味的な観点からしか推し量ることができない。

　（10）試験が受けられない学生は、今日中に申し出ること。
　（11）交通事故が多い大阪府では、今月で既に死者が500人を超えているそうだ。

上記の（10）における下線部は、「学生」という集合の中に、「試験が受けられる学生」と「そうでない学生」が存在し、そのうち、「試験が受けられない学生」を限定して示している。そのような意味では、（10）は制限用法に相当すると言えよう。

これに対して（11）では、「交通事故が多い大阪府」と「そうでない大阪府」があるというわけではなく、「交通事故が多い」は、大阪府を説明する補足内容となっており、これは、非制限用法に相当すると思われる。非制限用法である（11）を、あえて英語の語順に近いように言い直せば、以下のようになるであろう。

(11)' 大阪府は、交通事故が多い都道府県であるが、今月で既に死者が500人を超えているそうだ。

古代語における準体法で、後に助詞を接していない上記の（5）〜（7）に挙げたような例は、英語における非制限用法のような語順をもったものであり、また、それは、補足的に説明する関係節の用法に似ているのではないかと思われる。

つまり、（7）の例で言えば、「袙袴着たる」における連体形は、連体修飾を担っているのであるが、形式上は、名詞が後に接しているものではない。しかし、英語の関係代名詞がコンマで区切られ、文中に独立して位置していたのと同様に、「袙袴着たる」は、あくまでも連体修飾をなしていると考えるのが、より表現に忠実な解釈なのではないかと思われるのである。

総じて、準体法に見える現象は、厳密に言えば、連体形自体が名詞相当になっているわけではなく、格助詞による用言の「収束」によっ

て、あたかも連体形自身が名詞であるような体裁になっている、と言えるわけである。さらに、助詞や名詞が後に接していない準体法についても、その連体形が名詞相当になっているわけではなく、あくまでその連体形は、連体修飾をする統語的機能のままで、文中に存在していると考えられるのである。

格助詞は、準体法に見えるように「収束」を発揮し、そして、文末にある述語に対して関係性を示すべく「展開」する、という点において、機能語としての特徴を遺憾なく発揮しているものだと言えよう。

準体法の用法そのものは、もはや現代語には見られないものであるが、それでもなお、格助詞には、「収束」する機能が潜在的に備わっているのではないかと思われるような、興味深い現代語の例がある。

島田（2013）は、特に広告やキャッチコピーに多く見られる表現として、下記の（12）（13）のような文が、日常において量産されていることを指摘している。

（12）天然水の力でうまいをつくる
（13）祝うを、素敵に。

確かに、これらの類は、奇をてらったような表現であるとも言えるかもしれないが、このような表現が容易に生み出される統語的メカニズムは、解明しておくべきであろう。そしてそれこそが、格助詞のもつ「収束」に起因するものなのではないかと考えられる。

準体法は、確かに古代語特有の表現ではあった。従来は「鳥が飛ぶを見た」というような表現方法が普通にとられていたのに対して、現

代語では、「鳥が飛ぶのを見た」というように、「の」を介在させなければ非文となる。もっとも、現代語においても「負けるが勝ちだ」「さあ、とっとと行くがいい」というような言い方をすることがあり、これらも形式的には、一種の準体法もどき表現であると言えるのかもしれない。しかし、このような例は、古代語に比べると多くはなく、実際、「負ける［の／こと］が勝ちだ」や「さあ、とっとと行く［の／こと］がいい」とは言えないために、特別な言い回しや慣用的表現に限られているように思われる。

しかしながら、現代語の助詞「に」に関しては、他の格助詞に比べ、このような準体法もどき表現が極めて多いことに気づく。

(14) 繰り返し何度も読んでみるにつけ・・・
(15) 計画を実行するにあたり・・・
(16) 条例を施行するに際して・・・
(17) 話し合いを始めるに先立って・・・
(18) 時代が変化するに伴い・・・
(19) 気温が上がるにしたがって・・・
(20) 賃金を上げるにしても・・・
(21) ひとりで運ぶにしては・・・

上記の例は、全体として副詞句になっているものであるが、その他にも、下記の例のように、主文述語の補語になっているようなものもある。

(22) そのようなわけで、仕事を辞めるに至った。
(23) きっと反対するに決まっている。

(24) 単に名称が変わったに過ぎない。
(25) 雨が降るに違いない。
(26) 聞くに堪えない。
(27) 見るに値する。

また一方で、以下の例のように、格助詞「に」だけが接するのであれば非文になるが、副助詞の類である「は」や「も」が接した、「には」「にも」という形式のものであれば、適格になる例も散見される。

(28) *街へ 行くに かなり時間がかかる。
　　→ 町へ 行くには かなり時間がかかる。
(29) *ローマ字で 書くに それ相応の理由がある。
　　→ ローマ字で 書くには それ相応の理由がある。
(30) *それを 改善するに 方法がわからない。
　　→ それを 改善するにも 方法がわからない。
(31) *繰り返し 言ったに かかわらず、直らない。
　　→ 繰り返し 言ったにも かかわらず、直らない。

このように、現代語にも見られる準体法もどき表現は、特に格助詞「に」を伴ったものが、他の格助詞のものに比べて圧倒的に多い。しかしながら、古代語における準体法は、やがて廃れることになり、その代わりに準体助詞「の」が台頭するという変遷があったはずである。それにもかかわらず、なぜこれらの表現には「の」が後に接しないままで通用する傾向にあるのだろうか。

これは、「格助詞「に」は、他の格助詞に比べ、「収束」する力が強い」ということが背景にあるからではないかと考えられる。現代語に

おける準体法もどき表現がこれほどまでに多くあることについては、「に」が潜在的にもっている統語的機能を疑うべきではないかと思われる。この点については、次章で再度取り上げたい。

　総じて、古代語から現代語にかけて見られる準体法および準体法もどき表現は、「収束」という概念を用いることによって、説明が可能となる。つまり、そのような表現が生み出されるのは、他でもない補文化辞である格助詞が、「収束」という統語的機能を発揮したからであると言えるのである。

4．疑問の助詞「か」

　いわゆる疑問の助詞と呼ばれる「か」は、一般に狭義においても、補文化辞に該当する言語形式の一つであると考えられている。また、引用の助詞「と」が補文化辞であることも、一般に広く認められているところである。補語となる補文に「か」と「と」のどちらを取るかは、下記の例（32）（33）に示すように、述語動詞によって選択されることになっている。

（32）いつ行く［　か　／＊と］知っていますか。
（33）いつ行く［　か＊　／　と］思いますか。

　「か」は、文終止の用言を受けているそのあり方からも、本研究で規定する補文化辞に問題なく該当すると考えられる。そして、「「か」は「文の終わり」ではないことを表す補文化辞である」として、あらためて位置付けることによって、これまで意味機能の面からは説明がつかなかった言語現象についても、解明されるのではないかと思われ

87

る。

　たとえば、疑問の助詞「か」は、一般には、疑問文（質問文）を構成するのに用いられる言語形式である。実際、「はい」か「いいえ」で聞き手に答えを求める真偽疑問文の場合は、下記の（34）に示すとおり、平叙文に対して文末に「か」を添えるだけでよい。また、「なに」「だれ」「いつ」などの疑問語を含む疑問語疑問文の場合は、そのような疑問語に加え、真偽疑問文と同様に、文末に「か」を添えることで、疑問文（質問文）を形成することができる。

（34）あした学校に来ます。
　　　→　あした学校に来ますか。
　　　→　いつ学校に来ますか。

　「か」は、文末（述語末）に置かれ、意味機能として疑問（質問）を形成する助詞なのであれば、助動詞「です」「ます」が文末になくても、疑問文として問題なく機能することが期待されるであろう。なぜなら、「です」「ます」は一般に「丁寧体」とも呼ばれているように、あくまでも文体にかかわる言語形式なのであって、命題内容とは直接関係をもたないものだからである。

　しかしながら、下記の（35）に示すように、動詞に直接「か」が付いたものは、通常の質問には向かない文となってしまう。

（35）あした学校に来る。
　　　→　?? あした学校に来るか。
　　　→　?? いつ学校に来るか。

言語現象として特に注目すべき点は、(35) のような普通体（丁寧さを表さなくてもいい文体）を疑問文にするためには、下記の (36) のように、「か」は伴わず、文末を上昇調イントネーション（↗）にしなければならないことである。

(36) あした学校に来る。
　　　→　あした学校に来る（↗）
　　　→　いつ学校に来る（↗）

　このように、「か」が付かない (36) は、安定した疑問文となるのに対して、「か」が付いた (35) は、安定した疑問文とはならない。(35) が表現として有効になるのは、男性的表現、ぞんざいな表現、詰問するような表現といった場合に限られる。つまり、(35) は、ある種の特殊性を帯びた文となっており、通常の疑問文としては解釈されにくくなっているのである。しかし、「か」が「疑問の助詞」であるという意味機能からすれば、このような言語現象は、少なからず腑に落ちないのではないだろうか。もし、そうだとすれば、(35) の「か」が通常の疑問文として解釈できないことに対しては、どのように説明することができるのだろうか。

　「か」が付くことによって、通常の疑問文（質問文）として成立しなくなる理由は、他でもない、統語的な要因にあると考えられる。つまり、「か」は補文化辞であるからである。

　上記の (35) のように、そのままでは通常の疑問文とはならない「か」の付いた文型は、下記の (35)' に示すように、文中に埋め込まれた形ならば、特殊な意味を帯びることもなく、いわゆる疑問（質

問）を表す形として機能する。

(35)' あした学校に来る。
 → あした学校に来るか（どうか）知りません。
 → いつ学校に来るか　わかりません。

「か」は補文化辞であり、「文の終わり」ではないことを示す機能語である。すなわち(35)'にあるような統語的位置を示すのが、「か」の本来の姿なのである。つまり、補文化辞「か」は、「学校に来る」という、一見、文として終止できそうな文末に位置し、それが終止しないことを示す。そして同時に、「学校に来る」を文の構成要素（主文述語の補語）となるようにひとまとまりに括り上げ、そして、主文述語に向かって係っていく。つまり、「か」は「あした学校に来る」までを「収束」し、そして「知りません」に対して「展開」する。このようにして、ここには補文化辞「か」のもつ「収束」と「展開」という統語的原理が働いているというわけである。

  ［あした学校に来る］ ［か］ ［知りません］
      「収束」   「展開」

「か」が「文の終わり」ではないことを示すということは、ひいては、さらにその後になんらかの言語形式が後続することを暗に示しているということになる。(35)の「か」が、通常の疑問文（質問文）となりにくい理由は、補文化辞「か」によって「収束」されているにもかかわらず、何も後続する言語形式がないことにある。つまり、「か」は補文化辞であるのだから、本来ならば、「収束」して「展開」

されなければならない。ところが、(35) では、「か」によって、全体としてひとまとまりになった言語形式が、「展開」されることなく、そのまま放置されているような構図になっているのである。(35) のもつ不安定さは、このような統語的環境から説明できるのではないだろうか。

　また、歴史的に見れば、「か」は係助詞でもあった。つまり、本来は、文中において上に接するものを「収束」し、そして文末に向かって「展開」するものであった。「か」が「です」「ます」の後に接して疑問文（質問文）となるのは、かなり時代を経てからのことである。「か」が係助詞であったという経緯から見ても、「か」は、本来は、「展開」先が必要な補文化辞であったと言える。そして、現代語においても「か」のもつ本質は同じなのであり、それは「文の終わり」ではないことを示す補文化辞である、というわけである。

　もし仮に「あした学校に来るか。」「いつ学校に来るか。」が、一つの文として認められるとすれば、統語的には、その文全体が「か」によって「収束」され、言わば、ひとまとまりとなった一語文のようなものと解釈できるからであろう。そしてさらに言えば、文末の「か」は、もはや補文化辞としての「か」ではなく、限りなく終助詞としての「か」に文法化したものであると考えられる。
　「あした学校に来る_か_。」という文がもっている、詰問調のニュアンスであるとか、男性的な物言いであるというような特徴は、文末に置かれるモダリティ要素の特徴であると言える。したがって、このような「か」は、もはや補文化辞の「か」ではなく、終助詞化した「か」の意味機能ではないかと考えられるのである。
　また、「です_か_」「ます_か_」のような文末表現であれば、疑問文（質

問文)になり得るという点についても、このような「か」は、終助詞化した「か」であるからだと言えるのである。したがって「ですか」「ますか」の「か」は、文中に位置する補文化辞の「か」とは、一線を画すものである。

このように、「か」が、機能語である補文化辞から終助詞へと文法化することについては、次章であらためて取り上げる。

5．引用の助詞「と」

一般に引用の助詞と呼ばれる「と」は、狭義の解釈においても、典型的な補文化辞として、広く認められている言語形式である。「と」は、文レベルにあるものを、全体として一つの補語となるように括り上げることで、その前に接する言語形式を「収束」し、そして、さらに述語に向かって「展開」する。このような「と」は、学校文法では格助詞の一つに数えられるものであり、文終止の用言を引き受け、主文述語の補語を形成する。準体法に見える格助詞も同様に、文終止の用言を引き受け、述語の補語となるので、そのような観点からも、「と」は他の格助詞と同種のものと言える。

ただ、「と」は、その「収束」のあり方において、比類のないものであり、その点では特筆すべきものである。

補文化辞「と」は、下記の (37) のように、終止形はもちろん、モダリティ要素 (特に聞き手に働きかける要素をもったもの) を含んだ言語形式さえも「収束」させることができる。つまり、ふつうは (37)' のように、モダリティ要素が入ったものは連体修飾の修飾語に

なれないのであるが、あらゆるモダリティ要素を「収束」することができるのは補文化辞「と」だけである。

(37) 早く学校へ行く<u>と</u>言った。
　　　早く学校へ行きなさい<u>と</u>言った。
(37)′ ＊早く学校へ行きなさい<u>話</u>を・・・
　　　　　　　(cf. 早く学校へ行く<u>話</u>を…)
　　　＊早く学校へ行きなさい<u>こと</u>を・・・
　　　　　　　(cf. 早く学校へ行く<u>こと</u>を…)

「と」は、本来は十分に文終止できる言語形式に対して、それが文終止するのを阻止し、ひとまとまりの補語となるように括り直すことができるものである。このような点から、「と」は、「収束」する度合いが強い語であると言える。

このような「収束」する度合いである「収束力」については、次章であらためて述べるが、「と」は、補文化辞の中でも「収束」することのできる言語形式の種類に制限がなく、その点において他と大きく異なるのが最大の特徴である。

6．接続助詞

用言に接する助詞の類では他に、文終止の形を受ける接続助詞の類も、また補文化辞に数えることができる。以下にあるのが、そのような接続助詞の例である。

(38) 全速力で 走った<u>から</u>、間に合った。

(39) 全速力で 走る と／なら 間に合うだろう。
(40) 全速力で 走った が／けれども、間に合わなかった。
(41) 全速力で 走るし、きっと間に合うよ。

　これらの接続助詞の類は、「走る」あるいは「走った」というような、文が終止できそうな述語を、そうでないようにひとまとまりに括り上げることによって、従属節（副詞句）を形成している。たとえば、上記の（38）であれば、接続助詞「から」は、後に続く文「間に合った」に対して、因果関係というような論理的関係を構築する機能をもっている。このように、接続助詞の類が直前の用言を引き受けている統語的機能は、「収束」であると言うことができる。そして、また補文化辞であるという側面から言えば、「展開」もしている。ただ、他の補文化辞と異なる点は、その「展開」の仕方にある。格助詞の類は、主文述語の補語となって格関係を示すように「展開」するのに対して、接続助詞の類は、補語ではなく、副詞句（文修飾句）として「展開」していると言うことができる。

　ところで、此島（1966）などに多くの言及があるように、接続助詞（「が」「を」「に」「と」「から」等）の起源には、格助詞があると言われている。このことは、格助詞は、接続助詞にも通じる統語的機能があったということになる。では、このことの背景は、どのように説明できるであろうか。

　格助詞と接続助詞は、両者ともに、補文化辞という同じ機能語の類に属しているということで、そこには、統語的原理である「収束」と「展開」が関与していると考えられる。どういったものを「収束」し、どのように「展開」するかの違いこそあれ、補文化辞として統語的に

同じ仕組みを備えている、というわけである。格助詞の統語的機能も、接続助詞の統語的機能も、同じ「収束」と「展開」にあると考えることによって、格助詞から接続助詞への変遷とその連続性が、容易に浮かび上がってくるのではないだろうか。

なお、一方で、接続助詞の類には、文終止以外の形（連用形、仮定形）を受けるものがある。以下にあるのは、その接続助詞の例である。

（42）走って 転んだ。
（43）走りながら 考えた。
（44）走れば 間に合う。

これらの接続助詞の類は、前に接する用言を引き受けて、ひとまとまりの単位に括り上げ、主文述語に対する副詞句を形成しているという点では、「収束」と「展開」が働いていると言うことができる。

たとえば、（42）の例では、接続助詞「て」は、上に接する「走っ」を「収束」して、副詞句のような一つのまとまりに括り上げている。そして「転んだ」という文末述語に対して係っていき、「展開」している。このことは、（43）（44）も同様であり、「ながら」は連用形「走り」を、「ば」は仮定形「走れ」を「収束」し、全体として一つの副詞句となり、文末述語に「展開」していると言える。

ただし、このような接続助詞の類は、補文化辞ではない。

文終止できそうなところをそうでないように括り上げること、すなわち、そこが「文の終わり」ではないことを積極的に示すのが、補文

化辞の統語的な機能であった。しかし、上記の接続助詞が引き受けている用言は、そもそも文終止する形ではないために、「文の終わり」ではないことを積極的に示す必要はない。

　したがって、文終止以外の形（連用形、仮定形）を受ける接続助詞と、終止形を受ける接続助詞との違いは、それらに備わる「展開」は似たようなものであっても、次章で詳述する「収束力」には差がある、と言うことができる。つまり、文終止以外の形を受ける接続助詞と、終止形を受ける接続助詞である補文化辞とは、同じ接続助詞であっても統語的には区別されるということになる。文終止以外の形を承ける接続助詞の場合は、文終止できそうなところをあえて終止しないように阻止するほどには、「収束」を発揮しているとは言えず、「緩いひとまとまり」を形成しているとも言えるであろう。このとき、ひとまとまりに括り上げる際に必要な動的な働きが「緩い」かどうかについては、その接続助詞の前に接する用言の活用形が、「終止形」か「非終止形」かによって判断できると考えられる。それは、既に述べたように、「非終止形」というのは、それ自体が「展開」を指向する形であるために、「文の終わり」であるようには認められないからである。したがって、「展開」を見せているところには、あえて「文の終わり」ではないことを示す標識はいらない、と考えられるのである。

　総じて、「収束」の観点から見れば、接続助詞の類の中には、補文化辞であるものとそうでないものがある、ということになる。そして、このことは、次章で述べるとおり、終助詞への文法化をたどるかどうかの分かれ道にもなるのである。

7．副助詞

　現代語における副助詞の類にも、準体法さながらに文終止の形を承けるものがあり、それは、補文化辞に相当すると言える。

（45）現地で聞いてみるしか方法がない。

　上記の例（45）の「しか」は、補文化辞であり、文の終わりに見える述語「聞いてみる」までをひとまとまりに括り上げることで「収束」し、全体として副詞句を形成して、主文述語に向かって「展開」する統語的機能をもっている。
　既に述べたように、歴史的には準体法が廃れることによって、その代わりに、形式名詞「の」が介在するような表現がとられるようになった。しかし、現代語においてもなお、副助詞によっては、「の」の介在を認めるものと、そうでないものが混在しているように思われる。実際、上記の（45）の「しか」に「の」を挿入してみると、下記の（45）'のようになり、文としてはかなり落ちつきが悪いように感じられる。

（45）'?? 現地で聞いてみるのしか方法がない。

　しかし、一方で、下記の（46）の「さえ」の場合は、「の」を挿入した方が、文としての落ち着きはよくなるように思われる。

（46）　声をかけるのさえ憚られた。
（46）'?? 声をかけるさえ憚られた。

またその一方で、下記の（47）の「も」のように、「の」はあってもなくてもほとんど差が感じられないようなものもある。

（47）　進学するも　しないも、結局は本人次第だ。
（47）'　進学するのも　しないのも、結局は本人次第だ。

文終止の形を承ける、上記のような「しか」「さえ」「も」は、補文化辞として認めることができる。しかし、同じ副助詞の類であっても、助詞によって「の」の接し方に差があるという現象については、これも、次章で詳述する「収束力」という用語で説明することができるのではないかと思われる。つまり、形式名詞「の」が介在しないということは、それだけ、その助詞に「の」に代わるだけの被修飾語のような機能が備わっているということである。したがって、「の」を介在しない副助詞は、前に接する用言をひとまとまりに括り上げる力が強い、すなわち「収束」する能力が高い語である、と考えられる。また、一方で、「収束」する能力が低いものは、被修飾語「の」の機能を借りることで、ようやく「収束」が可能になるのだと考えられる。

文終止の形を承ける副助詞の類は、他にも以下のような例を挙げることができ、これらもすべて補文化辞であると考えられる。いずれも、前に接する動詞をひとまとまりに括り上げて「収束」し、副詞句を形成することによって、主文述語に「展開」する機能をもっていると言える。

（48）走れるだけ走ってみた。
（49）一人で歩けるほど快復した。

(50) 暗くなるまで遊んでいる。
(51) 自分でもわかるくらい変化した。
(52) 授業中に寝るなどもってのほかだ。
(53) ゴールするなりその場に倒れ込んだ。
(54) 泣いているやら笑っているやらわからない。

　副助詞の類には、上記に挙げたもの以外に、文終止以外の形（連用形）を承けるもの、すなわち補文化辞とは言えないものがある。また、文終止の形と文終止以外の形の両方を取るものもある。
　たとえば、上記の（46）の例「声をかけるのさえ憚られた」に挙げた「さえ」という副助詞の類は、下記の（55）の例のように、用言を直に承ける場合には、ふつう連用形が用いられる。また、下記の（56）〜（58）に示すように、「でも」「は」「も」は、例文aのような文終止の形と、例文bのような連用形の両方を取ることができる。

(55) 彼には声をかけさえした。
(56) a　口を開くでもなく、ただ座っていた。
　　　b　口を開きでもしたら、大変だ。
(57) a　話す（の）はいいとしても、・・・。
　　　b　話しはしないかと心配で・・・。
(58) a　行く（の）も行かない（の）も、君次第だ。
　　　b　とりあえず塾へ行きもしたが・・・。

　このように副助詞の類に見える統語的な言語現象は、既に述べた接続助詞に関するものと同様に、共通の統語的原理から説明が可能となる。つまり、接続助詞と副助詞の類は、両者ともに、まずは、文終止の形あるいは文終止以外の形で「収束」し、前に接する述語をひとま

とまりに括り上げる。そして、接続助詞の類は、論理的な関係を構築するように、新たな文に向かって大きく「展開」するのに対して、副助詞の類は、後続する述語に向かって小さく「展開」するのである。すなわち、接続助詞の類と副助詞の類は、程度の差こそあるものの、統語的機能は同じ統語的原理「収束」と「展開」にあると言えるのである。

　接続助詞の類の場合、それらは、通時的には格助詞に由来をもつものが多かったのであるが、副助詞の類の場合も、「ほど」「くらい」など、それが形式名詞にたどれそうなものが少なからずあることに気づく。このように、接続助詞の類と格助詞の類の間の連続性、または、副助詞の類と形式名詞の類の間に見られる連続性は、それらを補文化辞という概念でとらえ直すことによって、説明できるのではないかと思われる。

　本章では、補文化辞を「用言（文終止の活用形）を承けて「文の終わり」ではないことを表す、実質的な意味をもたない言語形式」と再定義することで、形式名詞、格助詞の類、および接続助詞、副助詞の類（の一部）が補文化辞に相当するものであることを検討した。
　このような補文化辞の観点から言えば、「文の終わり」ではないことを積極的に示す必要があるのは、「文の終わり」のように見えるところ、すなわち文終止の言語形式がある場合である。「文の終わり」であるのに文を終止させないのであるから、そこには、文の終止を阻むような、とりわけ統語的な強い力が必要になると考えられる。したがって、用言の文終止の形を承ける補文化辞の類は、「収束」する能力が高い言語形式であり、また、後続するものへと導く「展開」する能力が高い言語形式だと言えるのではないだろうか。

それに対して、たとえば連用形などの「非終止形」を承ける言語形式の場合は、その用言自体が「展開」を示しているのであるから、特段に「収束」する能力は発揮しなくてもよいということになる。したがって、このような言語形式は、補文化辞に比べれば「収束」する能力は低いということになる。

　統語的関係を表す概念は、動的な力である。補文化辞に代表されるような機能語の類は、「収束」と「展開」を有しており、その能力である「収束力」あるいは「展開力」は、それぞれの言語形式によっても違いがあると考えられる。「収束力」と「展開力」とは、具体的にどのようなものなのか、また、そのような統語的原理を描くことで、他にどのような言語現象が説明できるのかについて、次章でさらに検討してみたい。

第3章

「収束」と「展開」

　日本語における統語的原理として、「収束」と「展開」という概念を認めることができる。このような統語的原理は、伝統的な品詞論の枠組みを超えたものであり、機能語の類が見せる統語的な特徴を、一元的にとらえることができると考えられる。

　「収束」および「展開」とは、ある言語形式と言語形式との間における、いわゆる「切れ続き」や「係り受け」を表すものであり、語句や文を形成するうえでの動的な働きのことである。したがって、「収束」と「展開」は、動的な働きであることから、そこには、力の加減があると考えられる。

　本章では、「収束」と「展開」の働きの度合いがどのように見て取れるのかについて検討し、一定の基準で見出される「収束力」と「展開力」を個々の語に見いだすことによって、機能語の語群の相対的な位置付けを試みる。また、ある機能語にまつわる言語現象は、その語のもつ「収束」および「収束力」が起因となっていることを示し、一見、互いに無関係に見える別の言語現象に対しても、統一的な説明が可能となることを検証する。

1．「収束力」と「展開力」

　第2章では、統語的機能に特化した言語形式である補文化辞という用語を援用することによって、補文化辞を再定義し、そこに見える統語的原理「収束」と「展開」とは、どのようなものなのかについて検討してきた。

　統語的原理「収束」と「展開」について、再度その定義を示すと、以下のとおりとなる。

　　「収束」：一つのまとまり（単位）を形成しようとする働き、す
　　　　　　なわち内側（文頭側）に向かう作用
　　「展開」：他のまとまり（単位）に向かって関係をもとうとする
　　　　　　働き、すなわち外側（文末側）に向かう作用

　「収束」とは、形式名詞や格助詞の類に代表されるように、文頭側にある言語形式を一つの単位となるように括り上げる統語的機能である。形式名詞によって「収束」されれば、それは、全体として一つの名詞句という単位になり、また、格助詞によって「収束」されれば、それは、述語に対する一つの補語としてのまとまりになる。
　また、「展開」とは、格助詞や接続助詞の類に代表されるように、文末側に向かって関係をもとうと働きかける統語的機能である。格助詞が「展開」する先には述語があり、格助詞は述語との格関係を構築しようとする。また、接続助詞の場合は、文末側に後続する文に対して、論理的なつながりをもとうとする。

第3章 「収束」と「展開」

　機能語とは、統語的関係を表すのに特化した語の部類である。統語的関係とは、すなわち「収束」と「展開」のことである。したがって、機能語という概念をあらためて定義するとすれば、それは、原則として「収束」と「展開」という二つの統語的機能をもつ言語形式だと言うことができる。ただ、同じ機能語の類でも、それぞれの「収束」や「展開」の能力には、個々の言語形式によって差があると考えられる。特に、「収束」する能力、すなわち「収束力」についての差は、「収束」する際の用言の形（活用形）から、客観的に見て取ることができる。

　用言の活用形は、それが統語的にどうまとまって、どう続くのかが、形によって示されたものである。つまり、どのように「収束」して、どのように「展開」するのかを示しているのが活用形である。したがって、ある機能語のもっている「収束力」を知るには、その語が、どのような活用形を承けているかを見ればよい、ということになる。用言、すなわち、活用があり単独で述語になれる語を代表して、以下、動詞を例として用いる。

　現代語における動詞の活用形は、学校文法に倣うならば、未然形、連用形、終止形、連体形、仮定形、命令形の6つに分けられる。以下は、五段活用動詞の例である。

【五段活用動詞の活用例】

基本形	語幹	未然形 (ナイ形・意向形)	連用形 (マス形・テ形)	終止形	連体形	仮定形	命令形
書く	か	か／こ	き／い	く	く	け	け

　未然形と呼ばれる形には、否定の助動詞「ない」（「書かない」）と、

105

意向の助動詞「う（よう）」（「書こう」）に続く、二種類の異なった形が混在している。また同様に、連用形の中には、丁寧さを表す助動詞「ます」（「書きます」）と、接続助詞「て」（「書いて」）に続く形の、異なる形式が含まれている。なお、日本語教育の世界では、未然形、連用形といった呼称は一般には使われず、動詞を承ける助動詞や接続助詞を代表させて、ナイ形（未然形に相当）、マス形（連用形に相当）、テ形（連用形に相当）などと呼ばれている。

　日本語教育における活用形の呼称からもわかるとおり、動詞が形を変える理由は、後続する言語形式の存在に起因する。つまり、活用形は、どのような助詞、助動詞に係っていくのか、すなわち、どのように「展開」するのかを、前もって暗示しているのである。たとえば、接続助詞「ば」に「展開」しようとするのであれば、「書け－」となり、助動詞「ます」に「展開」しようとするのであれば、「書き－」になる、といった具合である。

　活用形を「収束」と「展開」という見地からとらえるならば、文終止の形である終止形は、そこで文が終止され、それ以上に係っていくことがない形式であるために、統語的には「収束」されていると言うことができる。ただ、用言の中には、終止形と連体形で異なる形態をもつものがあるが、少なくとも現代語の動詞に関しては、終止形と連体形は形態上区別できない。したがって、語尾が「-u」で終わっていれば、文終止が可能になる形態だと言うことができる。
　一方、終止形以外の活用形（命令形を除く）は、すべて何らかの言語形式に係っていくものであり、文節として成立する際にも、係った先の助詞、助動詞が後続して初めて存在し得る。つまり、連用形単独での接続用法（「手紙を書き、連絡を待った。」）を除き、「書か－」

「書い−」「書け−」という活用形は、それだけでは極めて不安定な言語形式である。また、連用形単独での接続用法にしても、もしそこで文が中止していれば（「手紙を書き。」）非文になるのであり、仮に外見上、そこで文が終止していたとしても、聞き手（読み手）には、それに後続する語句を喚起させる効果が必ず伴う。

このようなことから、終止形以外の活用形は、統語的には「展開」が約束された形である、と言うことができる。

したがって、活用形は、「収束」と「展開」の観点から二分することができ、前者が具現されたものをあらためて「終止形」と言うとすれば、後者は「非終止形」であるとして、一般に言う未然形、連用形、連体形、仮定形は、「非終止形」に集約することができる。ただし、既に述べたように、現代語の動詞だけに関して言えば、連体形も「終止形」に含まれることになる。

「統語的関係」を端的に言えば、それは、言語形式と言語形式との「切れ続き」の関係である。そうすると、通例の未然形、連用形、終止形、連体形、仮定形、命令形といった活用形のあり方は、「切れ続き」だけを問題にしたものではなく、「どのような意味機能の言語形式につながるのか」ということまでも含意したものであると言える。つまり、未然形、連用形、終止形、連体形、仮定形、命令形といった区別は、統語的な観点と意味的な観点が混入したものなのである。たとえば、「書かない」「書かれる」などの「書か−」という形は、統語的には、「展開」を示す「非終止形」であるが、それと同時に、意味的には、否定の「ない」などの、ある特定の助動詞が後続するという観点が加わることによって、「未然」形であるとされるのである。

107

ところで、通例の6つの活用形とは異なる形で、活用形を統語的（形態的）な観点のみに着目して、体系化しようとしているものがある。

　城田（1998）は、いわゆる活用形（語尾形）の種類を、後に連なるものによって「終止形・連体形・連用形・汎用形」の4種に集約している。そして、ここでの「終止形」についてのみ言及すれば、「終止形」とは、「述語となる用言の基本的機能を遂行する」形であるとし、それには、通例の終止形と命令形が含まれることになっている。

　既に述べたように、「収束」と「展開」の見地から言えば、動詞の活用形は「終止形」と「非終止形」に截然と区分することができる。では、その場合、命令形は「終止形」であると言えるのであろうか。

　命令形は、「切れ続き」の観点から言えば、確かに文末に位置して、「文の終わり」を形成している形だと言える。しかし、「収束」と「展開」の観点から言えば、命令形は「終止形」ではない。つまり、命令形「書け」は、「非終止形」であると考えられる。なぜ命令形が「非終止形」なのかについて、以下に若干の見解を示しておきたい。

　動詞の形を、異なる形態の数だけで区別するとすれば、たとえば、五段活用動詞は、「書か－」「書き（い）－」「書く－」「書け－」「書こ－」のように5パターンに集約することができる。つまり、「切れ続き」のバリエーションはこれだけしかない。そして、それぞれの動詞のパターンは、それにさまざまな言語形式が後に接することによって、多様な表現内容を獲得していくのである。たとえば、「書か－」の形は、「ない」を接することで否定表現を生み出すのであり、「書け

－」の形は、「ば」を接することで、条件表現になるのである。そして、後に何も接続しない（文末で「収束」する）ときには、「書く－」が用いられる、という具合である。

　一方、一段活用動詞の場合は、どうであろうか。以下は、一段活用動詞の例である。

【一段活用動詞の活用例】

基本形	語幹	未然形	連用形	終止形	連体形	仮定形	命令形
食べる	た	べ	べ	べる	べる	べれ	べろ

　一見すると、一段活用動詞の場合は、「食べ－」「食べる－」「食べれ－」「食べろ－」の４パターンが認められる。そして、五段活用動詞の場合とは異なり、命令形は、仮定形とは異なる形をもっている。このように、他とは異なる別の形態をもつという事情から見れば、確かに、命令形という一つの活用形を立てておこうとする考えも、わからないではない。

　しかし一方で、金田一（1953）の論考に、以下のような記述が見られる。

　　私は命令形は、用言の活用形中主観的要素をもつ唯一の形だと思う。もっとも命令形には他の活用形に含まれる客観的要素も含まれていることを無視してはならない。即ち、命令形は、動作・作用の意義と叙述性と命令と、三つの意義をもった、欲張った形だと思う。
　　命令形以外の活用形はどうであるか。私は現代国語に関する限

り主観的表現をするものはないように思う。体言につづくとか、用言にかかっていくとかいう性格はあるが、それはその形がそういうふうに使われるというだけであって、主観的な表現とは見なしにくいと思う。

　では、もし仮に、命令形という枠を取り払った場合、形態上は、どのように整理できるであろうか。

　一段活用動詞の命令形「食べろ」という形は、「食べ−」に「ろ」という言語形式（一種の終助詞的なもの）が後に接続したものだと、考えざるを得ないであろう。また、五段活用動詞の命令形「書け」の場合は、「ば」が接するときと同じ形の「書け−」に、ゼロ形式（目に見えない形式）が付くことで、いわゆる命令を行うときの形ができ上がる、と考えられるのではないだろうか。

　確かに、そもそも未然形、連用形、終止形、連体形、仮定形、命令形という設定は、その活用形の名前からして、命令形だけが極めて異色である。「連体」「連用」「終止」のように、「切れ続き」の様態を表したもの、または、「未然」「仮定」のように、どのような命題的（論理的）種類の言語形式が接するのかを表したものの中で、唯一、命令形だけは、「命令」というモダリティ要素が活用名になっているのである。
　「命令」という概念は、たとえば、「依頼」「質問」といったものと同種のもので、聞き手に対して働きかけを行う領域の事柄である。そして、そのような領域のものは、たいていはそれぞれに特有の言語形式を動詞の後に付けることで、実現されるものである。たとえば、「依頼」であれば、「書く」という動詞に「〜てください」というよう

な言語形式を後に付けることによって、「依頼」が表現されるという具合である。

　このように考えていくと、確かに「命令」だけが別格に取り扱われていると言わざるを得ないのだが、なぜこのようなことになったのであろうか。

　おそらく、それは、五段活用動詞の場合のみ、後に何も接していないように見えたからではないかと思われる。つまり、ゼロ形式という存在が想定できなかったために、活用形の一種「命令形」であるとして、取り扱わざるを得なかったのではないだろうか。

　さらに言えば、「命令」といったような概念の事柄は、「依頼」「質問」などと同様、ある一つの言語形式のみに備わるような類いのものではない。実際、「依頼」をする際の表現形式には、「〜てください」以外にも、「〜て」「〜てくれない」などがある。「命令」についても同様で、「書け！」だけではなく、「書きなさい」や、「さっさと書く！」のように終止形でも用いられることもある。「さっさと書く！」の場合、「書く！」が「命令」になるのは、「終止形」という「形態」によるものだと言うことは、できないであろう。聞き手に対する働きかけというのは、多分にして、動詞そのものの言語形式に内在するものではなく、発話の場における話し手の発話態度（強意を込めた口調、文末イントネーション）によるものではないかと思われる。
　また、「命令」という事柄は、話し手と聞き手が存在する具体的な発話の場に特有のものであり、記録に残す等の書記表現には、まず用いられないものであろう。因みに、書記表現では、「命令」という概念ではなく、どちらかと言えば「指示」という概念の方が適当かもし

れない。実際、このような場合は、「フォントはすべて明朝体で揃えること。」などのように、文末に形式名詞「こと」などがよく用いられるのではないかと思われる。

　また、同じ用言でも、形容詞・形容動詞の類には、命令形そのものが存在しない。もし、命令形が、統語的（形態的）に必要な概念なのであれば、活用があるものには等しく見いだせるはずである。動詞に見いだせて、形容詞・形容動詞の類には見いだせないということからも、命令形は、語性としての意味に関わるものである、と考えられるのではないだろうか。

　さらに、統語的な観点から、命令形とそれ以外の活用形との違いを言えば、命令形は、唯一（引用の助詞「と」を除いて）、他の機能語を後続させない活用形である。命令形を承けることができるのは、せいぜい終助詞の類（「さっさと行けよ！」の「よ」）などであろう。ただ、後で述べるように、終助詞の類は、いわゆる典型的な機能語からは外れたものと考えられる。命令形以外の活用形はもちろん、いわゆる終止形でさえも、接続助詞などが後に付くことを許す中で、命令形だけは、主文末にしか現れない。このようなことからも、命令形は極めて特異な存在であると言わざるをえない。

　以上のようなことから、少なくとも統語的（形態的）には、命令形を他の活用形と同様に扱うことには、少なからず違和感がある。

　総じて、通例の未然形、連用形、連体形、仮定形に属する形は、既に述べたとおり、それらが「展開」を担うという見地から、「非終止形」である、と集約することができる。また、「非終止形」に対する「終止形」はと言えば、それ以上「展開」せずに、文形成の「収束」を担う唯一の形として、通例の終止形のみが該当する、と考えられる

のである。

　なお、既に述べたように、本論では補文化辞を「文終止の活用形」を承けるものとした。動詞の場合、これには通例の終止形に加え、連体形も含まれることになる。現代語に見られる用言は、特に形容動詞を除いては、まず終止形と連体形は同形であり、形態上は区別することができない。実際、ある動詞の活用形が連体形であると認定できるのは、その後に続く名詞の類の存在を認めてからのこととなる。つまり、単独で動詞の形態を見ただけでは、それが終止形なのか連体形なのかはわからない、というのが実体である。

　また、本論では、通例の活用区分（未然、連用、終止、連体、仮定、命令の6つの活用形）を拠り所にするのではなく、活用の形態の違いだけを問題としたいと考えている。なぜならば、動詞の活用形は、形態として、「展開」指向のものなのか、あるいは「収束」指向のものなのかという点が焦点になるからである。したがって、五段活用動詞であれば、「書か−」「書き（い）−」「書く−」「書け−」「書こ−」という5つの異なった形態があり、「書く−」は「収束」指向のもので、「書か−」「書き（い）−」「書け−」「書こ−」は、「展開」指向のものである、と言うことができる。

　したがって、あらためて、「収束」指向のものを「終止形」、「展開」指向のものを「非終止形」と呼ぶことにすると、機能語の類がもつ「収束力」は、それぞれの語が動詞を承けるときに、「終止形」を承けるのか「非終止形」を承けるのかによって、見いだすことができる。

（1）a　書きながら／　書けば／　書いて／　書いたり
　　　→　「非終止形」接続

  b　書くから／　書くけど／　書くと／　書くのに
   →「終止形」接続
(2) a　書きは（したが）／　書きも（しないで）
   →「非終止形」接続
  b　書くなり（・・・した）／　書くほど
   →「終止形」接続

　上記の(1)は、動詞「書く」に、いわゆる接続助詞の類が付いたもので、(2)は、「書く」に、副助詞の類が付いたものである。aの部類は「非終止形」接続のものであり、bの部類は、「終止形」接続のものである。
　bの部類は、本論で言うところの補文化辞であり、これらの助詞は、統語的には「文の終わりではない」ことを積極的に示す役割を担っている。一方、aの部類の助詞は、それが承ける動詞の形が「非終止形」、つまり「展開」を担うことが形式から約束されているために、「文の終わり」であることを示しておく必要はないものだと考えられる。したがって、これらの助詞は、本論でいう補文化辞には相当しない。

　機能語が動詞を「収束」するとき、その動詞が「非終止形」である場合は、それが終止していない、すなわち「展開」することが元から示されているために、それに後続する機能語は、「文の終わり」ではないことを誇示する必要はないと考えられる。つまり、その場合、「一つのまとまり（単位）を形成する」にしても、比較的緩いまとまりを形成していると考えられ、そのことは「収束力」の程度が「低い」と言い表すことができる。
　一方、「終止形」接続の機能語、すなわち補文化辞の場合は、本来、

動詞が「終止形」であることから、そこで一応の言語形式の連鎖が終止（断絶）されているために、後続する機能語との間に、それを積極的に強く膠着させる働きが必要となってくる。「終止形」接続の補文化辞には、その直前にある動詞を強いて膠着させる働きがあると考えられ、このような統語的機能は、「収束力」の度合いが「高い」と言い表すことができる。

したがって、ａの部類の接続助詞、副助詞の類と、ｂの部類の接続助詞、副助詞の類では、その「収束力」は、ａ＜ｂと表すことができる。このようにして、上に接する動詞の活用形を見ることによって、その後に続く機能語の「収束力」を客観的にとらえることができる、というわけである。

そこで、これまでに補文化辞を中心として取り上げてきた機能語の類について、「収束力」及び「展開力」の高低によってまとめると、以下のとおりとなる。

　　「収束力」と「展開力」による機能語の分類
　　　　①収束力《高》・展開力《高》：「終止形」接続の助詞の類
　　　　②収束力《高》・展開力《低》：　形式名詞の類
　　　　③収束力《低》・展開力《高》：「非終止形」接続の助詞の類
　　　　④収束力《低》・展開力《低》：　接尾辞の類

統語的原理として「収束」と「展開」が認められ、それを備えていることが、機能語が機能語である所以だとすれば、①〜④にあるように、機能語は「収束力」と「展開力」の程度によって下位分類することができる。なお、「高い」「低い」というのは、「収束」と「展開」

の相互バランスや、他の機能語に対して相対的に言い表しているものである。

それでは、以下に①～④のそれぞれについて、さらに詳細に検討してみたい。

1－1．「収束力」《高》・「展開力」《高》

統語的原理の「収束」と「展開」の両機能を遺憾なく発揮している言語形式は、第2章で挙げた補文化辞の類で、形式名詞、格助詞、および接続助詞、副助詞の類の一部に相当するものである。これらに共通する特徴は、動詞の「終止形」を承けるという点である。形態的に「文の終わり」を示すものを引き受け、さらにそれが「文の終わり」ではないことを示し、さらに大きな文の中の一つの構成単位に括り上げるという点に、高い「収束力」が働いていると考えられる。

その中でも、とりわけ引用の助詞「と」は、その他のあらゆる言語形式の中でも、ひときわ高い「収束力」を見せるものである。このことは、補文化辞である他の言語形成に比べ、「と」が、「文の終わり」を指向する、あらゆるモダリティ要素を含んだ言語形式さえも「収束」できることからわかる。

下記の例に示すように、同じ補文化辞の類でも、（3）の「と」は、聞き手目当てのモダリティ要素を含んだ、どのような言語形式でも「収束」させることができるのに対して、（4）の接続助詞「から」や（5）の副助詞「しか」の場合は、それを「収束」することができない。

（3）学校へ［行きなさい／行くね］と言った。

（4）＊学校へ［行きなさい／行くね］から、友達と遊べない。
　　　　　　　　　（cf. 学校へ行くから、友達と遊べない。）
（5）＊学校へ［行きなさい／行くね］しか方法がない。
　　　　　　　　　（cf. 学校へ行くしか方法がない。）

　また、第2章では、補文化辞に相当するものとして格助詞の類を挙げ、古代語において一般に通用していた準体法の例を挙げた。しかし、準体法に見える動詞は、厳密に言えば終止形ではなく連体形である。四段活用動詞においては、終止形と連体形が元より同形ではあったが、歴史的には二段活用動詞の一段化とも相まって、終止形が連体形に同化したという経緯がある。そのような背景から、準体法に見える格助詞の「収束力」を考えるならば、格助詞は、連体形という「非終止形」接続であり、動詞の形に「展開」が暗示されているという点では、緩い「収束力」をもつとも言えるかもしれない。

　ただ、既に述べたように、現代語においても、準体法もどき表現が広告やキャッチコピーなどにおいて量産されているという言語現象がある。第2章で挙げたそのような例の一つ「祝うを、素敵に。」では、その「祝う」が終止形なのか連体形なのかは判別しがたいが、少なくとも現代語における直観からは、終止形のもつ「文の終わり」のニュアンスが感じられるように思われる。

　また、格助詞「で」においても、引用の助詞「と」を想起させるような、以下のような表現もあることから、格助詞一般のもつ「収束力」の高さは見て取れるであろう。

（6）来るなら来るで、あらかじめ電話してくれてもいいのに。

また、現代語における準体法もどき表現の中でも、特に格助詞の「に」がとりわけ特異であることは、既に述べたとおりである。仮に、広告やキャッチコピーの例は除外したとしても、現代語における「に」の準体法もどき表現は、他の格助詞に比べると突出して多い。「何度も読んでみる<u>に</u>つけ」「仕事を辞める<u>に</u>至った」などの、文終止の形を承ける「に」のあり方は、まさに補文化辞そのものである。つまり、そこには、現代語の他の格助詞には見られない「収束」が見て取れるために、「に」には、とりわけ高い「収束力」が備わっている、と言うことができる。

　さらに、「に」は、格助詞として果たす意味機能の種類が、他の格助詞に比べると、やはり突出して多いという印象がある。

　参考として、国立国語研究所『日本語における表層格と深層格の対応関係』を挙げると、それによれば、日本語の深層格は全部で35種に設定できるという。そして、格助詞9種（「が」「を」「に」「で」「と」「から」「より」「へ」「まで」）が、表層格としてそれぞれどのように具現しているかについて、種類別に統計を出しているのであるが、最も多くの種類にわたって現れているのは、「に」で、27種にものぼるという。ちなみに、二番目に多いのは、「を」で15種、次いで「で」の14種と続く。参考までに、「に」がもつ27種の深層格を挙げると、以下のとおりとなる。

　　「動作主」「経験者」「無意志主体」「対象」「受け手」「与え手」
　　「相手1」「時」「時－終点」「時間」「場所」「場所－終点」「場所
　　－経過」「終状態」「属性」「原因・理由」「手段・道具」「方式」
　　「条件」「目的」「役割」「内容規定」「範囲規定」「観点」「比較の

第 3 章 「収束」と「展開」

基準」「度合」「陳述」

　格助詞は、述語に対してどのような格関係にあるかを示し、文末の述語に対して補語として係っていく「展開力」を有する。格助詞の全体から見ればわかるとおり、「に」は多様な意味機能を担っているという点で非常に際立っている。このことを統語的な観点から述べるならば、「に」は、文末に向かって関係をもとうとする「展開力」が、他の格助詞に比べて、特に高い機能語であると言うことができるであろう。

　既に述べたように、補文化辞として位置付けられる「終止形」接続の助詞の中でも、「と」は、どんなモダリティ要素を含んだ言語形式であっても「収束」できる唯一の助詞として、最も高い「収束力」をもつ機能語であるとした。そして、それに次いで「に」は、他の格助詞に比べると、とりわけ高い「収束力」と「展開力」をもつ機能語であると言うことができた。そうすると、このような「と」と「に」に備わる突出した「収束力」を認めることによって、（7）〜（9）の例に挙げるように、「と」や「に」が、オノマトペなどの副詞の類に付けられる言語形式として選択される理由も、おのずと浮かび上がってくるのではないだろうか。

（7）ザーザーと 降る ／ しっかりと 見る
（8）すべすべに なった ／ ふいに 現れた
（9）ベタベタ［と／に］塗る ／ わり［と／に］よくある話だ

　たとえば「ザーザー」あるいは「しっかり」というようなオノマトペを含む副詞の類は、様態といったような、ひとことでは言語化しに

くい実体概念を喚起させるものである。そのような概念を文の構成要素の一つとして文中に組み入れるためには、その実体概念が言語的に一つのまとまり（単位）となるように形成する必要がある。そこで、オノマトペのような様態を表す言語形式には、「収束力」の高い「と」や「に」が付いて「収束」させることで、統語的に一つの文節を形成することが容易になるのだと考えられる。つまり、オノマトペとは、それ自体ひとことでは言語化しにくい概念を、あえて言語化しようとする言語形式である。そのために、それを一つのまとまりとして「収束」するためには、他でもない、より「収束力」が高い「と」や「に」が選択されるのだと考えられるのである。

「終止形」接続の助詞の類には、上で述べた格助詞の類の他に、接続助詞の類が挙げられる。これらは、第2章で述べたように、「文の終わり」ではないことを示す補文化辞に相当するという点で、「収束力」が高いことを示している。また、接続助詞の類が「展開力」を備えていることは、品詞名に「接続」という用語が使われていることからも、容易に認められることと思われる。

（10）明日は雨が降るから　コンサートは中止する。
（11）明日は雨が降るが　コンサートは決行する。
（12）明日は雨が降るし・・・。

　接続助詞は、直前にある言語形式を引き受け、そして、さらに後続する言語形式へと論理的な関係を構築する、言わば橋渡しのような機能語である。このような橋渡しとなる「展開力」は、(10)(11)の例に挙げたように、後続文（「コンサートは・・・」）に対する論理的なつながり（順接や逆接）を予測させるものとなる。実際、(12)の例

のように、そのような後続文が言語形式としては明示されていなくても、そこに後続するものの存在は、読み取れるのではないだろうか。白川（2009）は、文末に接続助詞が付いて、そのままで文としては終結していると考えられるものを「言いさし文」と呼んでいるが、このような「言いさし文」の文末にあるような言語形式は、「展開力」の高いものであると言える。

また、「終止形」接続の副助詞の類は、上記のような接続助詞の類と比べると、「展開力」は劣るものだと考えられる。

(13) a　暗くなるまで　遊んでいる。
　　　b　暗くなるまで・・・。

たとえば、上記の（13）の例のように、副助詞「まで」は、補文化辞として機能し、「暗くなる」を「収束」する。そして「まで」のもつ「展開力」によって、「暗くなるまで」が全体として副詞句となり、aのように、述語（「遊んでいる」）に係っていくことになる。しかし、bのように、後続する文を明示しなかった場合、接続助詞の場合と比べ、後続する文が予測できず、解釈が極めて不安定になる。このように「言いさし文」になりにくいという観点から、接続助詞と副助詞の「展開力」の程度には、差があることが見て取れるであろう。

「終止形」接続の助詞の類には、格助詞、接続助詞、副助詞の類があり、それらの「収束力」の高さは、まずは、補文化辞としての役割に見える。また、これらは、格助詞の場合は、述語に対して補語として係り、接続助詞の場合は、後続する文への論理的な橋渡しとなって係り、また、副助詞の場合は、述語に対して修飾語として係ってい

く、というように、それぞれの「展開」の仕方を見せる。さらに、ここに見える「展開力」については、副助詞よりも接続助詞の類の方が高い、といったような相対的な差も見られるのである。

1－2．「収束力」《高》・「展開力」《低》

「収束力」が高いものは補文化辞の類である。第2章で挙げたように、補文化辞に相当するものには、「終止形」接続の助詞の類の他に、形式名詞の類があった。同じ補文化辞であっても、前節で挙げた格助詞や接続助詞、副助詞の類に比べ、形式名詞は「展開力」が低い機能語である、と言うことができる。

（14）友人から聞いたこと を 伝える。
（15）飛行機が飛んでいるの が 見える。

形式名詞は、用言を名詞化する補文化辞であり、上に接する動詞を引き受け、「収束」させて、ひとまとまりの名詞句を形成する。上記の（14）（15）の例のように「聞いたこと」「飛んでいるの」の「こと」「の」は、「聞いた」「飛んでいる」という用言を「収束」させることで名詞句となり、格助詞「を」「が」への接続を可能にしている。
しかし、一方で、「展開」という側面を見た場合、「こと」や「の」には、格助詞や接続助詞、副助詞の類に見られるような、文末側に向かって係っていく機能は見られない。文末に係っていくのは「・・・ことを」の「を」や「・・・のが」の「が」といった格助詞によるものである。このような観点から、形式名詞の類は、相対的には「展開力」が低いと言うことができる。

しかしながら、同じ形式名詞の類に属する語であっても、「こと」

「の」に比べれば「展開力」が高いと言えるような形式名詞も少なくない。

(16) 友人に話した<u>ところ</u>、とても驚かれた。
(17) 人前で話す<u>とき</u>、緊張する。
(18) 一人で歩ける<u>だけ</u> まだましだった。

　上記の例に挙げた形式名詞「ところ」「とき」「だけ」は、それによって「収束」されたものが全体として副詞句となり、文末述語に係っているために、そこに「展開力」があることがわかる。また、同じ「ところ」という形式名詞であっても、下記の例のように、「で」「を」「に」などの格助詞が後に接しなければ「展開」できないような「ところ」の用法もある。

(19) 人に話した［ ＊ところ ／ ところ<u>で</u> ］、どうにかなるわけでもない。
(20) 本人がするべき［ ＊ところ ／ ところ<u>を</u> ］、なぜ代理人が出てくるのか。
(21) 寝ぼうした［ ＊ところ ／ ところ<u>に</u> ］、電車まで遅れていたので、すっかり遅刻してしまった。

　また、「とき」の例で言えば、「とき」には格助詞「に」が付く例と付かない（付きにくい）例とがある。

(22) 内定をもらった［ とき ／ ときに ］、覚悟を決めた。
(23) 内定をもらった［ とき ／ ＊ときに ］、とても嬉しかった。

「ときに」の「に」は、「3時に」「火曜日に」というように、時間に関わる概念の名詞に付く格助詞の類である。上記の（22）の「ときに」における「とき」は、「に」が付かない単独の「とき」に比べると、まだ形式名詞になっていないもの、すなわち、いわゆる普通名詞で連体修飾されたものだとも言える。「とき」という言語形式は、どこか、普通名詞としての特徴も残っており、完全には形式名詞になりきれていないのであろう。そのために、普通名詞の「とき」だけでは「展開」しにくいことから、「に」が付くことによって、「展開」を可能にしていると言うことができる。

　したがって、上記（22）の「とき」と「ときに」における「とき」の違いは、そこに見られる「展開」のあり方だと言うことができ、前者の「とき」が補文化辞の形式名詞の類であり、後者が普通名詞の類である、と考えることができる。

　しかし一方で、上記の（23）に示すような「とき」は、より形式名詞化された「とき」であるように思われる。

　そもそも「嬉しい」というような形容詞の類は、「＊3時に嬉しかった」「＊火曜日に嬉しかった」のように、構文上、時間を表す格助詞「に」を取ることができない。したがって、「に」が取れないために、「ときに」というのも必然的に不適格になる。そこで、どうしても事態の時間表現に関わる概念を表したい場合には、「に」に代わる言語形式が必要となってくる。上記（23）に見える「とき」に、「展開」が担えるようになったのは、このような背景が契機となっているのではないかと思われる。したがって、上記（22）（23）における、「に」が付かない「とき」は、「に」が付く「ときに」の「とき」よりも、「展開力」が高い言語形式だと言えるであろう。

さらに、ここで注目されるのは、格助詞「に」と同等の機能が、形式名詞である「とき」という言語形式に備わっているという点である。一般に言う品詞分類の上では、格助詞と形式名詞は、全く別のものである。しかし、そこに見える統語的な働きは、「収束」と「展開」という同一の概念で描くことができるのである。なお、「嬉しい」をはじめ、一般に形容詞述語が実現される時間を表したい場合は、「とき」などの形式名詞を用いる以外では、「内定をもらったときには、嬉しかった」などのように、「に」に「は」を付けると、構文上は整えることができる。単独の「に」だけでは不可でも、「には」にすれば適格になるというような言語現象は、既に述べたように、下記(24)(25)のような準体法に関する言語現象とも似通っている。

(24)　*街へ　行くに　かなり時間がかかる。
　　　→　町へ　行くには　かなり時間がかかる。
(25)　*ローマ字で　書くに　それ相応の理由がある。
　　　→　ローマ字で　書くには　それ相応の理由がある。

　一般に副助詞の類の一つに数えられ、また「取りたて」などとも呼ばれる助詞「は」の「収束力」「展開力」については、この後に改めて詳述する。ただ、結論だけを先取りすると、「は」は、非常に高い「収束力」が備わっている機能語であるために、そのような言語現象を可能にするのだと考えられる。たいていの言語形式に付くことができる助詞「は」は、他の言語形式であれば、ふつうは位置できない所にも割って入ることができ、それを「収束」することができる。そして、「は」によって「収束」されたものは、たいていどんな形であれ、「展開」することができるというわけである。

「ときに」と表示すると非文になり、「とき」であれば許容されるということは、「に」のもつ「展開力」の明示が、文の成立を妨げているとも言えよう。つまり、「に」と表示されれば、「に」という格助詞のもつ機能として、どうしても述語に対する格関係を求めようと「展開」することになる。しかし、形容詞述語の類は、そもそも時間を表す「に」格自体を取らない。そのような観点から言えば、「とき」のもつ「展開」の仕方は、格助詞「に」ほどには、積極的に強い関係を求めるものではなく、述語に対して緩(ゆる)くかかっていくものだと言える。したがって、形式名詞「とき」が副詞句となって「展開」するときと、格助詞が述語に向かって「展開」するときとでは、後者の方が「展開力」は高いと言うことができるであろう。

　このように、補文化辞であるものの中でも、また、同じ形式名詞としての語であっても、異なった言語現象を見せることがある。このことについても、「展開力」という用語を用いることで、それぞれの言語形式がもつ多様性を一元的にとらえることができると思われる。また、本来名詞としてあったものが形式名詞へと文法化されていく過程には、その語に備わる「展開力」という動的な働きの存在を認めることによって説明することができ、他の機能語との関係においても、統一的にとらえることができるのではないだろうか。

1－3．「収束力」《低》・「展開力」《高》

　「収束力」が低いというのは、接する用言が「非終止形」を取っていることからわかるものであり、「文の終わり」であることを誇示する補文化辞ほどまでには、「収束」を発揮しなくてもよいというものである。そして、文末の方向に向かって積極的に「展開」を見せているものには、「非終止形」接続の接続助詞と副助詞の類が挙げられる。

(26) コーヒーを飲み<u>ながら</u> 話を聞く。
(27) 雨が降れ<u>ば</u>、コンサートは中止だ。
(28) 電話をかけ<u>さえ</u>すれば、済む話だ。
(29) 川で溺れ<u>でも</u>したら、大変なことになる。

　上記（26）（27）は、それぞれ連用形、仮定形という「非終止形」接続の接続助詞の例である。「ながら」「ば」は、直前の動詞を「収束」して、一種の大きな副詞句を形成し、文末述語に「展開」している。そして、上記（28）（29）は、連用形という「非終止形」接続の副助詞の例であり、「さえ」「でも」は、直前の動詞を「収束」して、一種の大きな副詞句を形成し、後続する直近の述語動詞「する」に「展開」していると見ることができる。

　なお、このような「非終止形」接続の副助詞の類には、「終止形」接続も可能とするものがある。この最も代表的なものが「は」と「も」である。

(30) 確かに、彼女に会い<u>は</u>したが、言葉は交わしていない。
(31) 実際、彼女に会った<u>は</u>いいけど、何も話は進まなかった。
(32) ろくに見<u>も</u>しないで、放り投げた。
(33) 見る<u>も</u>見ない<u>も</u>、あなた次第だ。

　上記（30）（32）は「非終止形」接続の「は」と「も」であるが、(31)（33）は「終止形」接続の「は」と「も」である。同じ「は」と「も」であっても、「終止形」接続であるという点において、後者の方がより「収束力」が高いことを示している。そして、このように「非終止形」接続のみならず、「終止形」接続も見られるという点におい

て、「は」と「も」は、他の「非終止形」接続の副助詞の類の中でも、若干、「収束力」において差が認められるということが言えよう。

また、「は」は、「展開力」についても特筆すべき点がある。

「は」の示す意味機能として、一般に「主題」と呼ばれるものがある。「山本さんは会計委員長に立候補した」という場合の「山本さんは」の「は」は、「山本さんについて言えば」と言い換えられることから、「山本さんは」は、この文全体の「主題」であると言える。それに対して、「山本さんが会計委員長に立候補した」という文では、「会計委員長に立候補したのは誰かと言えば、それは、山本さんである」という解釈になり、「山本さんが」の「が」は、「立候補した」という述語に対する「主体」が表されているに過ぎない。いわゆる日本語の「主語」が問題にされるときには、しばしばこのような「は」と「が」の違いが取り挙げられるのだが、下記の例に挙げるように、そこに見えるaとbの「は」と「が」の解釈には、確かに違いが読み取れる。

(34) a 父は帰宅すると、晩ご飯の支度を始めた。
　　 b 父が帰宅すると、晩ご飯の支度を始めた。

上記(34)における解釈上のポイントは、「誰が晩ご飯の支度を始めたのか」という点にある。aの「は」を取る例では、それが「父」であり、bの「が」を取る例では、それが「父」ではない誰かであることが含意されている。このような「主題」の「は」は、それが含まれる文を越えてまで、文末に係っていくことができ、「帰宅する」のみならず、「支度を始める」にまで、意味的な関係を構成することが

できる。このようなことから、「は」は、格助詞「が」に比べ、高い「展開力」を有していると言うことができるであろう。

　なお、ここで言う副助詞の類というのは、「こそ」などの係助詞の類も含まれる。古代語における係助詞とは、係り結びを形成するときに表れる助詞である。係り結びは、「ぞ」「なむ」「や」「か」「こそ」という係助詞を文中に挟むと、文末の述語は、終止形ではなく、連体形（「こそ」の場合のみ已然形）で終えなければならない、という表現上の規則である。これまで述べてきたように、「展開」が働いているさまというのは、言語形式の上で確認することは比較的難しいのであるが、そのような中にあって、古代語における係り結びは、まさに、「展開」が言語形式に見えるという意味で、珍しい言語現象であるとも言えよう。

1－4．「収束力」《低》・「展開力」《低》

　「収束力」が低い、すなわち、接する用言が「非終止形」を取っているもので、なおかつ、文末の方向に向かって「展開」を及ぼしているとは言いがたいものがある。それは、下記の（35）に挙げるような接尾辞の類である。接尾辞というのは、一つの語の内部にあるもの（一語を形成するときの要素の一つ）で、意味をもった中核となる言語形式（語幹）に付いて、意味機能を付け加え、全体として一つの語を形成しようとするものである。たとえば、「高い」の「高」という語幹に「さ」が付くことで、全体として「高さ」という名詞となる。このように、接尾辞「さ」は、さまざまな形容詞の類の語幹に付いて名詞を形成する。

　加藤（1972）は、名詞から形式名詞という範疇を取り出して、それ

を定義しようとすればするほど、形式名詞と接尾辞との境界が見えにくくなることを指摘している。

(35) 高さ ／ 深み ／ 使い方 ／ 焼きたて

「こと」のような形式名詞を、他の一般の名詞と区別するための特徴は、それ自体は独立して用いられず、常に連体修飾語を伴っていなければならない点にある。たとえば、普通名詞「学生」であれば、「学生がいる」「学生に会った」のように、「学生」には特に修飾語が付いていなくても、解釈上は文として十分に成立する。しかし、形式名詞「こと」の場合、「話すことがある」「おもしろいことを聞いた」とは言っても、「ことがある」「ことを聞いた」では、文として完全であるとは言いがたいであろう。形式名詞と名詞を構文上で区別する重要なポイントは、このように、名詞に付く連体修飾語が必須であるか否かといったことになる。

そうすると、上記(35)の例に挙げたような、用言を受ける接尾辞の類についても、たとえば、「高さ」の接尾辞「さ」は、「高さがある」とは言っても「さがある」とは言えないことから、いわゆる形式名詞の類と同じ特徴をもっていると言える。このように、それだけでは独立して用いられないという観点から言うのであれば、「こと」などの形式名詞の類と接尾辞の類は、積極的には区別する根拠がない、ということになる。

しかしながら、形式名詞の類と接尾辞の類における構文上の違いは、各々が承ける用言の形にある。形式名詞の類の場合は、それが承ける用言の形は連体形であり、接尾辞の類の方は、連用形(あるいは形容詞の語幹)である。このことは、前者は「終止形」接続で、後者

は「非終止形」接続であると言えることから、そこに「収束力」の違いが見いだされることになる。すなわち、接尾辞の類よりも形式名詞の類の方が、「収束力」が高いと言い表すことができる。

　また、このことに加え、このような接尾辞の類と形式名詞の類の「収束力」の違いは、以下のような例からも観察することができる。

(35)' ［山が高いこと］／ *［山が高さ］／
　　　［川が深いこと］／ *［川が深み］
　　　［機器を使うこと］／ *［機器を使い方］
　　　［パンを焼くこと］／ *［パンを焼きたて］

　上記の(35)'に挙げたように、形式名詞の類の場合は、それに付く用言が取る補語（ガ格やヲ格）を伴った形でも「収束」することができるのに対して、接尾辞の類の場合は、ひとまとまりの単位を形成することができず、「収束」することができない。また、接尾辞の類は、「非終止形」接続であることからも、補文化辞のように「文の終わり」ではないことを積極的に示すことのない言語形式であると言える。したがって、接尾辞の類と形式名詞の類では、「収束力」の点では、「接尾辞 ＜ 形式名詞」というような相対的な「収束力」の差があると言うことができ、そこに、接尾辞と形式名詞の統語的な境界線が引けるのではないかと思われる。もっとも、すべての接尾辞の類は補語を伴った形では「収束」することができない、というわけではなく、接尾辞の類に属する語を個々に見ていくと、たとえば、以下のような表現が観察される。

(36)［後ろを振り向き］ざまに　大声で叫んだ。

131

(37) [燗(かん)をし]たての酒
(38) [何かものを言いた]げであった。

　上記の (36) 〜 (38) の例は、いわば語の内部に句が包み込まれているような構文上の特徴をもっており、影山（1993）などが「句の包摂」と呼んでいる表現形式である。このようなことから、同じ接尾辞の類に属していても、個々の言語形式によって「収束力」には違いがある、と言うことができ、「句の包摂」を見せる接尾辞の類については、「収束力」が高い、と言い表すことができる。
　そして、このような言語現象を眺めてみても、ここでまた、形式名詞、あるいは接尾辞といった概念の枠組みで、統語的性質が一様に決まっているのではない、ということがわかるであろう。おそらく「句の包摂」といった言語現象も、それぞれの言語形式が文法化する過程にあるものではないかと思われる。しかし、このような文法化についても、「収束力」という概念を設定することによって、一元的に説明することが可能になるのではないかと思われる。

１−５．総まとめ

　以上に見てきたように、機能語のもつ「収束力」と「展開力」には程度の差があり、そのことが種々の構文を成立させている裏付けともなっていることを示した。これまでに検討してきた機能語の類について、「収束力」と「展開力」という観点から考察した結果をまとめると、以下のようになる。

　機能語は、それに備わる「収束力」及び「展開力」の程度によって、おおよそ次のように整理することができる。

①収束力《高》・展開力《高》:「終止形」接続の助詞の類
②収束力《高》・展開力《低》：形式名詞の類
③収束力《低》・展開力《高》:「非終止形」接続の助詞の類
④収束力《低》・展開力《低》：接尾辞の類

　また、「収束力」あるいは「展開力」の側から見れば、以下のように整理することができる。

「収束力」の大勢
　【A】：「非終止形」接続の機能語　≪　【B】：「終止形」接続の機能語
「展開力」の大勢
　【C】：形式名詞、接尾辞の類　≪　【D】：格助詞、副助詞、接続助詞の類

　「収束力」の大勢としては、【A】「非終止形」よりも【B】「終止形」接続の機能語の方が「収束力」は高い。
　一方、「展開力」の大勢としては、用言を名詞化する【C】形式名詞や接尾辞の類よりも、広い意味での連用修飾を担う【D】格助詞、副助詞、接続助詞の類の方が「展開力」が高い。

　【A】〜【D】のそれぞれの中で、さらに「収束力」あるいは「展開力」の程度において、特筆すべきものを挙げると、以下のようになる。

　【A】における「収束力」
　　　接尾辞一般 、副助詞一般 ＜「句の包摂」を許す接尾辞、接

続助詞一般
　【B】における「収束力」
　　　格助詞一般　＜　形式名詞、格助詞「に」＜　格助詞「と」
　【C】における「展開力」
　　　形式名詞一般、接尾辞一般　＜　副詞句を構成する形式名詞
　【D】における「展開力」
　　　格助詞一般、副助詞一般　＜　格助詞「に」、接続助詞一般
　　　＜　副助詞「は」

2．文法化

　機能語の類には、一つの同じ言語形式に複数の意味機能を備えているものがある。また、そのような機能語の類が、どのようにして多様な意味機能を獲得するに至ったのかについて、通時的に説いている論考も種々見られる[1]。ある意味機能を備えている機能語の類が、さらに別の意味機能を獲得していく過程、すなわち文法化には、何が起こっていると考えたらよいであろうか。

　その文法化の原動力には、統語的原理「収束」と「展開」があると考えられる。つまり、文法化とは、「収束力」または「展開力」の変化であると言うことができ、その言語形式に備わる「収束力」や「展開力」に増減が生じることによって、統語的に多様な様相を見せるのだと考えられる。

　第2章で述べたように、補文化辞は、「文の終わり」ではないこと

1）　此島正年（1966）『国語助詞の研究―助詞史の素描―』など。

を積極的に示す、機能語の類の一つであるとした。「文の終わり」ではないことをわざわざ示す必要があるということは、別の言い方をすれば、補文化辞は、「文の終わり」のように見える位置、すなわち「文の終わり」であるという解釈を受けやすい述語末に現れる、ということでもある。したがって、補文化辞は、「文の終わり」の述語末に置かれるという統語的環境に起因して、やがては、同じように文末に置かれる助動詞あるいは終助詞の類に相当するモダリティ的要素へと、再解釈されやすくなるのではないかと考えられる。つまり、助動詞あるいは終助詞の類へと文法化するための重要な要因は、「文の終わり」に見える位置にある、という統語的な環境にこそあると考えられ、まさに補文化辞に相当する言語形式が、そのような文法化をたどるのだと考えられる。

2－1．形式名詞の助動詞化

宮地（2007）によれば、形式名詞の類が「モダリティの助動詞」として用いられるようなことは、古代語には顕著には見られなかったという。そして、現代語における下記に挙げるような形式名詞の類の例は、補文化辞である形式名詞が文法化によってもたらされたものであると考えられている。

(39) とにかく、まずは人の意見に耳を傾けることだ。
(40) 人に会ったら、挨拶ぐらいするものだ。
(41) 留守のあいだ誰かここに来たのだ。
(42) 今、帰ったところだ。
(43) なるほど、それでここに誰もいないわけだ。
(44) 彼女なら今、部屋にいるはずだ。

数ある形式名詞の中でも、上記の「こと」「もの」「の」「ところ」「わけ」「はず」は、特にその助動詞化が顕著に見て取れるものであろう。これらは、「形式名詞＋だ」という名詞述語文の形をとってはいるものの、「形式名詞＋だ」が一体となって、一つのモダリティ要素の助動詞のような様相をしている。

　たとえば（39）は、「耳を傾ける」は「こと」で名詞化されているが、この述語の部分は、「XはYだ」の「X＝Y」といった同定文の解釈にとどまらない。ここには「～した方がよい、～することを忠告する」といったような、話し手の情感を読み取ることができ、一種のモダリティ要素が含意されたものとして解釈できる。また、「こと」という形式名詞には、「フォントはすべて明朝体で揃えること。」のように、「だ」の付かない「こと」だけで、命令や指示といった内容が含まれることもある。

　その他の例も同様に、構文的意味からはうかがい知れない内容が含意されており、それらの表す意味内容を他の言葉で言い換えれば、（40）の「～ものだ」の例では、「～するのが常識だ（なのに、なぜそうしないのか）」、（41）の「～のだ」には、「～したことが状況からして推測される」、（42）の「～ところだ」では、「～してまだ間もない頃合いである」、（43）の「～わけだ」では、「～ということの理由がわかった」といったものになるであろうか。また、（44）の「～はずだ」における「はず」については、山口（2002）は、その語源を、弦をかける弓の部位の名称を指すものであるとしているが、ここでの意味内容としては、「～するに違いない」といったような、話し手の確信した判断を表すものとなっている。

　形式名詞すべてに、上記のような助動詞化が見られるわけではない

が、既存の形式では表しにくい情感を明示する必要に迫られたときには、少なくとも、補文化辞に見られるような統語的環境にあるもの、すなわち、「文の終わり」に見える位置にある機能語の類が、そのようなモダリティ要素に転用されるのではないかと考えられる。

　上記に挙げた「こと」や「もの」をはじめとした例は、形式名詞のモダリティ的用法として、特に広く知られているものであろう。実際、外国語として日本語を教える現場でも、このような文型は「～ことだ」「～ものだ」を一体化させた形で、一つの表現文型として導入するのが常である。その他にも、上記の「こと」や「もの」などと比べると、さほど認知されていない形式名詞の類ではあるが、単なる同定文の述語として解釈するには、何かもの足りないような情感の存在が感じられる形式名詞の例もある。

　たとえば、「有様」という語は、第2章で挙げたように、井手（1967）が形式名詞として挙げているものの一つである。「有様」は、その語の後に格助詞が付くことからも名詞の類であると言えるが、他の一般の名詞と比べれば、確かに連体修飾語を伴わなければ文中には現れにくいものである。

(45) 結局は、ぐうたら寝ている<u>有様</u>だ。
　　　　　　　（cf. 結局は、この<u>有様</u>だ。）

　上記（45）の「有様だ」には、「この有様だ」という表現だけでもその情感が読み取れるように、「有様」には「様子、状況」といった意味に加え、何か否定的な、非難するような判断が含意されていることがわかる。少なくとも、文末で用いられる「有様だ」には、話し手

にとって好ましい状況を指すときには用いられないように思われる。したがって、このような例は、形式名詞が助動詞へと文法化する途上にあるものだと言ってもよいであろう。

　また、既に述べたように、類似した統語的機能をもつものとして、形式名詞は接尾辞の類と比較されることがある。確かに、どちらも用言を「収束」し、一つのまとまりを形成するのであるが、形式名詞は補文化辞であると位置付けられたのに対し、接尾辞はそうではなかった。したがって、そのような統語的環境から、接尾辞の類は、形式名詞の類のようには、助動詞へとは移行しにくいのだと考えられる。

　(46) (機器は) 使い方だ。
　(47) (パンは) 焼きたてだ。

　上記の (46) (47) のような接尾辞「方」「たて」には、それ自体に何か話し手の情感を表すような意味を読み取ることはできないであろう。実際、「〜方だ」「〜たてだ」というようにして、一つのモダリティ要素をもった助動詞のように用いられる例は、管見では見当たらない。

　このように、同じ名詞化を担う言語形式であっても、それに備わる「収束力」の違いによって文法化のあり方も異なる。そして、「収束力」の高いものが、より文法化への道をたどりやすい、と言うことができるのではないだろうか。また、「展開力」の観点から見れば、形式名詞の類が助動詞化する様相は、形式名詞の類に「展開力」が帯びることによって引き起こされた文法化である、と言えるのではないかと思われる。つまり、たとえば「〜ことだ」に「〜した方がよい、〜

することを忠告する」といった意味内容が含意されているとすれば、「〜ことだ」の文末部分には、本来ならば、そういったことを明示する言語形式がなければならない。しかし、実際には、そこにはそのような意味内容を積極的に示す言語形式は見当たらない。そうすると、「〜ことだ」の文末部分には、「〜した方がよい、〜することを忠告する」といった意味内容を表す述語相当の言語形式があるのであるが、それは、目には見えない「ゼロ形式」の述語相当の言語形式だということになる。したがって、「こと」の形式名詞は、そのような「ゼロ形式」の述語相当に向かって「展開」している、と考えられるわけである。

　既に述べたように、形式名詞は、同じ補文化辞である格助詞や接続助詞の類に比べると、「展開力」は「低い」ものである、と位置付けられた。つまり、形式名詞の類には「展開力」はない（ゼロである）とはしなかったのであるが、それには、ここで示したように、形式名詞には助動詞化を引き起こすような潜在的な可能性が認められるからである。したがって、このような点を考慮するのであれば、上記「1－5．総まとめ」のところで示した「展開力」に関する次のような関係は、以下のように記述し直すことができるであろう。

　　【C】における「展開力」
　　　　形式名詞一般、接尾辞一般　＜　副詞句を構成する形式名詞
　　→　形式名詞一般、接尾辞一般　＜　<u>助動詞化する形式名詞</u>、
　　　　副詞句を構成する形式名詞

　「こと」や「もの」などの形式名詞に見られる助動詞化は、文頭側に向かって「収束」するのみならず、文末の方向へも「展開」しよう

とすることによって、「ゼロ形式」の述語を存在させる。そうして、その結果として、「〜ことだ」や「〜ものだ」は、意味的に一体となった述語相当に解釈される余地が生まれる。形式名詞の助動詞化は、形式名詞に備わる「展開力」が顕現したものであり、文末側に向かって作用するその「展開力」の高まりによって引き起こされた文法化である、と言うことができるのである。

2－2.「か」「と」の終助詞化

これまでに述べてきたように、補文化辞の類は、「文の終わり」に見えるところにあるという統語的環境に起因して、それと同じように文末に位置するもの、すなわち助動詞や終助詞の類といったものに文法化する傾向がある。このことは、本論においてはもちろん、狭い意味で一般的に言う場合の補文化辞でもある「か」と「と」については、特に顕著に見られる言語現象である。そこで、「か」と「と」が終助詞の類となっているものについて、その様相を考察してみることにする。

まずはじめに、「か」について見てみたい。これは一般に「疑問の助詞」とも呼ばれているものである。しかし、文末の「か」には、「疑問の助詞」という名前から連想される内容とは随分とかけ離れた意味機能や伝達機能があり、一種のモダリティ要素になっていることが知られている。以下にその一例を挙げ、文末の「か」の示す意味合いを、参考までに後の括弧内に記してみた。なお、末尾の（ ↗ ）は、文末が上昇調イントネーションで、（ ↘ ）は下降調イントネーションで発話されることを示す。

（48）誰が委員長になると思いますか。（ ↗ ）（質問）

(49) 普通、そんなこと言うか。(↗)(非難)
(50) ふんっ、そんなこと、誰がやるか。(↘)(反語疑問)
(51) あの非常ベルは避難訓練だったか。(↘)(納得)
(52) ちょっと行ってみるか。(↘)(自問、開始の合図)
(53) さっさと行かんか。(↘)(命令)
(54) おまえは、サルか。(↘)(嘲あざわらい)
(55) おじさんってかわいいね、か。(↘)(反芻はんすう)

　文末に付く終助詞の類の中でも、なぜ「か」は、このようにとりわけ多様な意味機能をもつのであろうか。

　それは結局のところ、「か」は典型的な補文化辞である、という統語的要因に集約されるのではないかと思われる。つまり、「か」は補文化辞であるので、上に接するものを「収束」させ、かつ、そこが「文の終わり」ではないことを示し、文末に向かって「展開」しなければならない。したがって、本来の補文化辞の「か」であれば、「いつ来るか知りません」の「か」のように、「いつ来る」までを「収束」をした後、「知りません」という述語に対して「展開」の機能を発揮する。しかし、補文化辞「か」は、文末に位置したままで「展開」先が言語形式に現れていない場合は、そこに本来、後続するはずであった言語形式を補うようにして「展開」するのだと考えられる。

　このことは、既に述べたように、形式名詞が文末に来て、助動詞化する現象と同様に説明できる。つまり、形式名詞の場合は、ある形式名詞に「展開力」が帯びることにより、「展開」先である述語相当のものが、目には見えない言語形式「ゼロ形式」として設定される、というものであった。その点、「か」は、典型的な補文化辞であり、元

から高い「展開力」を備えている言語形式である。したがって、文末に位置する「か」であっても、「展開」先が必要となってくるために、結果として、そこに「ゼロ形式」を想定せざるを得ないことになる。文末の「か」に帯びる終助詞的な意味機能とは、そのような「展開」先にあると考えられる「ゼロ形式」に備わっているものと考えられるのであり、それこそが、「か」の示すモダリティ要素の内実なのではないだろうか。

　第2章で既に述べたように、「か」は、一般には「疑問の助詞」と呼ばれているにもかかわらず、デス・マス形の付かない文末に付くと、聞き手に対して問いかける通常の質問文としては、安定しにくいことが知られている。

（56）あした学校に来る。
　　　→　?? あした学校に来るか。（cf. あした学校に来る？）
　　　→　?? いつ学校に来るか。（cf. いつ学校に来る？）

　上記の（56）にある「か」の文は、「あした学校に来る？」「いつ学校に来る？」という問いかけ方とは、随分と異なるニュアンスをもっていることがわかる。このような「か」の文が発話されるとすれば、詰問のような問いかけになったり、あるいは発話者は男性に限る、といったような特殊事情が必要になるであろう。もし、上記の「か」の文にそのような特殊な意味合いが感じられるとすれば、その「か」は、もはや補文化辞の「か」ではなく、モダリティ要素の終助詞に文法化した「か」になっているのではないかと考えられる。

　したがって、いわゆる疑問の助詞「か」をより正確に規定するとす

れば、それは二極化したもの（2種類）が認められるのではないかと思われる。すなわち、一方は、純粋な補文化辞の「か」で、もう一方は、補文化辞の「か」が文法化した、終助詞の類の「か」である。

　つまり、下記の例（57）a、bでは、前者が補文化辞の「か」であり、後者が終助詞の類の「か」だということになる。そして、cにあるような「か」は、補文化辞の「か」が限りなく終助詞化したものだと言うことができ、補文化辞と終助詞という二極化の、その間に位置するものとして考えられる。

（57）a　いつ学校に来る<u>か</u>わかりません。
　　　b　いつ学校に来ます<u>か</u>。
　　　c　いつ学校に来る<u>か</u>。

　すべての「か」を「疑問の助詞」だと言うだけでは、上記の（56）にあるような「か」の質問文が不安定になる理由は、理屈としてはうまく説明できない。しかし、これまで述べてきたように、「か」は、元は典型的な補文化辞なのである。したがって、（56）にあるような「か」が通常の質問文になりにくくなる原因は、補文化辞に期待される「収束」と「展開」のうちの「展開」が、言語形式の上で実現されていないことにあると考えられるのである。そうして、やがては、そのような「か」であっても、適切な解釈が得られるように確実に「展開」しようとすることで、上記の（48）〜（55）の例にあるような、モダリティ要素である終助詞の用法を獲得していく、という文法化をたどったのではないかと思われる。

　さらに、最も「収束力」の高いものとして挙げた補文化辞の「と」

に関しても、このような「か」と似たような様相を見せる。

　加藤（2010）、池谷（2011）でも指摘されているとおり、いわゆる引用の助詞「と」が文末に位置し、なおかつ、それはもはや「引用」とは言いがたいような表現がある。

　（58）さあ、できた<u>と</u>。
　（59）コンビニに行ってこようっ<u>と</u>。

　上記（58）（59）の例は、特に独りごとを言うような場面で発話される表現形式である。確かに、このような場面では、「さあ、できた<u>と思う</u>」「コンビニに行ってこようっ<u>と思う</u>」のように、「と」に後続する引用動詞を補って言い換えることはできないであろう。しかし、これらの表す意味合いを考えたとき、それは少なくとも直観的には、引用の助詞「と」から連想できそうなものではないかと思われる。そうすると、このような「と」も「か」と同様の文法化を経たものではないかと考えられる。つまり、元は補文化辞の「と」であったものが、機能語としての色合いを失っていくとともに、限りなく終助詞へと移行したものとして考えられるのである。

　さらに引用の助詞「と」の事例に関連して付け加えるならば、補文化辞の「と」と似たような用法をもつ言語形式として、以下の例（60）に挙げるような「ように」がある。「ように」も一種の引用を表すための言語形式であり、「終止形」接続をするその統語的環境からも、補文化辞の一つとして考えられる言語形式である。

　（60）明日は学校を休む<u>ように</u>言った。

この「ように」についても、文末に来て、やはり「か」や「と」などの他の補文化辞の類と同じように、モダリティ要素をもった終助詞のような用法をもつ。

（61）すぐに事務室に行くように。
（62）明日は晴れますように。

上記の（61）の例では、忠告や指示を与えようとする話し手の働きかけが、そして（62）の例では、祈願するという話し手の情感が、「ように」の文末形式のところに読み取れるのではないだろうか。そして、少なくとも両者には、一つの文として完結しているような解釈が可能である。

このように、終助詞と呼んでもよさそうな用法が、他でもない補文化辞の類にこそ見いだされるということは、そこには、終助詞化を可能とするような、何か共通する統語的要因があると考えられるのである。そして、それこそが、「収束」と「展開」なのであり、補文化辞の類の終助詞化は、その「展開」を言語表現上に形成しようとしたものだと言えるのである。

2－3．格助詞、接続助詞の終助詞化

第2章で述べたように、本論で補文化辞であるとしているものの中には、格助詞や接続助詞の類があった。これらは、一般に言う、狭義の補文化辞である「か」と「と」や形式名詞の類と同様、「収束」すると同時に、そこが「文の終わり」ではないことを示す言語形式である。したがって、格助詞や接続助詞の類は、補文化辞であるために、典型的な補文化辞である「か」と「と」、形式名詞の類と同様に、終

助詞化を可能とする統語的な要因を備えていると考えられる。そして実際、下記の（63）〜（68）に示すように、格助詞や接続助詞の類についても、やはり文末に来て、モダリティ要素をもった終助詞の類へと移行しつつある例が多く見られる。

(63) 無事に帰ってくればいい<u>が</u>。
(64) 自分でやればいいもの<u>を</u>。
(65) 早くすればいい<u>のに</u>。
(66) あなたは、もう、終わってます<u>から</u>。
(67) 彼ならもういません<u>けど</u>。
(68) 私なら一人で行ける<u>し</u>。

　石垣（1955）などの通時的な研究においても言及があるように、格助詞と接続助詞には密接な関係がある。(63)(64)(65)に挙げたような助詞「が」「を」「に」は、元々は格助詞であったものが、接続助詞へと転成していったものであると考えられている。実際、古代語の文献では、格助詞なのか接続助詞なのか、用法的にはどちらとも判断がつきにくい用例も珍しくないという。このことは、格助詞と接続助詞は、両者とも補文化辞に位置付けられるということを考えれば、十分に予測できることであろう。つまり、両者は、「収束」と「展開」という同質の性質を備えた機能語なのである。あえて言えば、両者は「展開」の仕方に多少の違いがあるだけなのである。つまり、格助詞は後続する述語に向かって句のレベルで「展開」するのに対し、接続助詞は後続する文に向かって「展開」するものなのである。

　上記の例（63）〜（68）は、一般には終助詞ではなく、すべて接続助詞の類とされるために、一つの見方としては、その助詞に後続する

ものは「省略されている」と考えられるかもしれない。しかし、「省略」というのは、「既出の事柄を繰り返し述べる手間を省く」ということではないだろうか。たとえば「いつ学校に行く？」に対して、「明日。」と答えたとすれば、その応答には、質問文に明示されていた「学校に行く」が省略されていると見ることができる。しかし、上記の接続助詞に後続すると考えられる内容は、少なくとも、既出の事柄を繰り返し述べるようなものではないと考えられる。そればかりか、これらの例にはすべて、「完結した文」に見られるような、話し手の何らかの情感を表す言語形式が文末に置かれているような感覚さえある。つまり、「当該の接続助詞そのものがモダリティ形式になっている」とまでは言わないまでも、極めてそれに似たような直観が、解釈上、働くのではないだろうか。たとえば (68) の「し」で言えば、「し」そのものは接続助詞であり、統語的には後続する言語形式との論理的関係を構築しようと働く機能語である。しかし、このような文末の「し」は、ある種の話し手の情感を表しているように思われる。そうすると、この文全体は、命題とモダリティからなる「完結した文」の体裁を整えていることになるであろう。

　機能語としての接続助詞がもつ役割を狭義に考えた場合、それは、言語形式の切れ続きを動的に働きかける「収束」と「展開」であり、それ以上でもそれ以下でもない。しかし、もし、そこにモダリティ要素が入り込んで来た場合には、もはや純粋な意味での機能語であるとは言えなくなるであろう。「文としては完結している」という解釈が可能であり、かつ、文末に固定化する傾向があるのであれば、その言語形式は、一種の終助詞の類として認めてもよいのではないかと考えられる。そのような観点から言えば、上記の格助詞、あるいは接続助詞の類は、終助詞へと文法化したものだと言えるであろう。

また、方言なども考慮に入れると、格助詞と文終止の用言に付く接続助詞の類は、それらと同じ形をもった言語形式が、終助詞という別の種類の助詞としても存在していることに気づく。これまでに挙げたもの以外で言えば、関西方言の「行く<u>で</u>」(行くよ)、九州方言の「行く<u>と</u>」(行くの) の「で」や「と」などがある。このことを偶然であると考えたり、あるいは同音異義の別の形式だと考えるよりは、その音形に備わっている補文化辞としての統語的環境が、そのような言語現象を引き起こす要因となっていると考えた方がよいのではないだろうか。

　Hopper and Traugott (1993) の言うように、一般に「再分析」や「類推」が生じることで文法化が起こる。そして、そのような文法化が起こるためには、しかるべき統語的環境が整っていることが大きな要因になっているのではないかと思われるのである。

　格助詞と接続助詞の類の共通点は、補文化辞に属するということであり、「文の終わり」に見える位置に現れることである。これらの助詞が終助詞の類としての用法を徐々に確立していけたのは、まずは、このような統語的環境によるところが大きいのではないかと思われる。

　実際、同じ接続助詞の類であっても、「文の終わり」に見える位置に現れないもの、つまり、補文化辞ではない「非終止形」接続の接続助詞は、上記のような終助詞的な解釈が生じにくいことが観察される。

(69) 小説を読み<u>つつ</u>。
(70) ひとりで歩き<u>ながら</u>。

(71) 勉強しても。

　上記の例 (69) 〜 (71) には、以前に挙げた (63) 〜 (68) の例では読み取ることのできた、話し手のもつ何らかの情感は読み取れないであろう。つまり、ここにはモダリティ要素は感じられず、単に後続する語句が「省略」、あるいは「中断」されたものとして、文が中止しているに過ぎないように思われる。

　これまでにも、格助詞は接続助詞化し、それがさらに終助詞としてモダリティ化するという言語現象があることは、土井 (1958) などにおいても既に指摘が見られる。しかしながら、なぜそのような過程をたどるのかという要因までは、これまで明らかにはされてこなかった。しかし、ここで述べてきたように、このような終助詞の類へと移行する一連の言語現象は、補文化辞という共通の統語的環境に起因しているのだと考えられるのである。

　「文の終わり」ではないことを示す補文化辞は、実質的な意味をもたない機能語である。実質的な意味をもたないという無色の語性をもっているからこそ、それが文末に置かれたときには、実際の発話の場において、話し手の多様な所感を載せる余地が生じやすくなるのではないかと考えられる。そして、既存の終助詞では表せないような情感を表現する必要に迫られたとき、そこに、新たな終助詞的用法が生まれるのではないかと思われる。

　このように、補文化辞に相当するものは、ことごとく終助詞化する傾向にある。そして、そこには、しかるべき統語的要因が確かに見いだせるのである。すなわち、補文化辞というのは、そもそも「文の終

わり」に見えるところに位置する言語形式なのである。したがって、その統語的環境は、終助詞の類の統語的環境にもそのまま当てはまることになる。そうして、このような統語的環境が、補文化辞の終助詞化を促したのだと言えるわけである。

3．機能語間での「収束」と「展開」

　機能語のもつ統語的な働きは、「収束」と「展開」であるとし、それぞれの「収束力」や「展開力」が言葉を生み出していく原動力となっていることを見てきた。そこで、次に、機能語と機能語の間における「収束」と「展開」のあり方について考察してみたい。つまり、「収束」によって一つのまとまりを形成し、「展開」に入った機能語を含む文節が、さらに上から覆い被さるように、別の機能語によってあらためて「収束」され、「展開」していく、というような様相についてである。

　そのような例として、まずは、副助詞が関わる言語現象を取り上げる。係助詞を含む広い意味での副助詞というのは、言葉を強調する、取り立てて述べる、という意味合いをもつものが多いことから、奥津（1974）をはじめ、一般に「とりたて詞」とも呼ばれているものである。「とりたて詞」として位置付けられる機能語は、「収束」と「展開」という概念を用いることで、統語的にはどのように規定できるのかを検討してみたい。

　また、これまで助詞の類で、考察の対象にしてきたものは、機能語の類と考えられるものであり、格助詞、副助詞、接続助詞の類であった。そして、終助詞の類は、それらの機能語が文法化したものとして

位置付けた。そうすると、助詞の類で、これまでの考察対象から外れていたものに、間投助詞の類が挙げられる。終助詞ともよく似た性質をもつ間投助詞の統語的な側面についても、「収束」と「展開」の見地から考察してみたい。

そして最後に、疑問の助詞「か」を含む機能語の連語「のか」「かと」「とか」は、どのような「収束」と「展開」によって成り立っているのかを考察し、このような連語を含んだ表現が構成される統語的背景についても解き明かしていくことにする。

3－1．副助詞

副助詞の類は、一般に格助詞や接続助詞などの機能語に付くことができる。このことは、既に「収束」されて「展開」できる段階にあるものを、副助詞がそれを「収束」し直して、そこからあらためて「展開」を見せているものだと考えられる。

たとえば、副助詞「ばかり」「さえ」は、以下のように格助詞および接続助詞に付くことができる（以下、副助詞には二重下線、格助詞には一重下線、接続助詞には波線を付しておく）。下記の例（72）（73）は、格助詞の「に」「と」に付いている例で、（74）は、接続助詞の「て」に付いている例である。

（72）彼女にばかり話しかける。／　彼女にさえ話しかける。
（73）子どもとばかり遊んでいる。／　子どもとさえ遊んでいる
（74）泣いてばかりいる。／　泣いてさえいる。

なお、副助詞の類が接続助詞の類に付く場合、その接続助詞は、ほ

151

ほ「て」に限られているようである。他の接続助詞の類「ば」「が」「たら」「から」「ので」「のに」「と」「ながら」「なら」には、副助詞「ばかり」「さえ」は付かない。

(75) 誰かに ＊【 話せばばかり／話すがばかり／話したらばかり／話すからばかり／話すのでばかり／話すのにばかり／話すとばかり／話しながらばかり／話すならばかり】・・・。

(76) 誰かに ＊【 話せばさえ／話すがさえ／話したらさえ ／話すからさえ／話すのでさえ／話すのにさえ／話すとさえ／話しながらさえ／話すならさえ】・・・。

上記の例（75）（76）に見られるように、接続助詞の類はすべて、副助詞「ばかり」「さえ」を後続させることができない。しかし、接続助詞の「て」だけは別格であり、下記の（77）に挙げるように、他のどんな副助詞（「でも」「まで」「こそ」「は」「も」）であっても、たいてい付くことができる。

(77) 誰かに 【 話してでも／話してまで／話してこそ／話しては ／話しても】・・・。

このようなことから、接続助詞の「て」とそれ以外の接続助詞は、「展開力」においてその違いを見せる、と言えそうである。すなわち、このような統語現象は、次のように説明できると思われる。

「て」以外の接続助詞の類は、「展開力」が高いものである。そのために、いかなる機能語をもってもそれを「収束」することはできない。それに対して、接続助詞「て」は、他の接続助詞に比べて、相対

第3章 「収束」と「展開」

的に「展開力」が低いということができる。すなわち、その下に付く機能語の「収束」を阻むほどには、「展開力」は有していないと言うことができる。

　副助詞の類が機能語に付くとすれば、それは、格助詞および接続助詞の「て」であった。副助詞の類は、別名「とりたて詞」とも呼ばれているが、そのような「とりたて詞」の類が見せる「とりたてる」という概念を、統語的に規定するとすれば、次のように言えるであろう。

　　「とりたてる」とは、「展開」したものをいったん「収束」させ、
　　それをあらためて「展開」することである。

　たとえば、「話してでも」という例であれば、接続助詞「て」によって、「話す」の連用形「話し」を「収束」し、「話して」は後続する言語形式へ関係をもとうと「展開」する。しかし、その「展開」を阻止するように、副助詞「でも」が、上に来る言語形式「話して」を「収束」する。そして「話してでも」がひとまとまりの副詞句のようになって、副助詞「でも」のもつ統語的機能により、述語に向かって「展開」する、という構図になるのである。

　このように、「とりたて詞」が意味的に「とりたて」ていると解釈される仕組みは、統語的にも説明が可能である。つまり、機能語によって「収束」され、既に「展開」の運びの段階にあるものを、もう一度別の機能語で「収束」し直すのであるから、そこで言葉を生み出す流れに断絶（立ち止まり）が生まれる。この統語的な過程における断絶（立ち止まり）こそが、意味的に「とりたて」ていることに繋が

るのだと考えられる。「とりたて詞」によって「収束」された語句に注意が向くのは、そのような統語的仕組みと密接な関係があると言えるのである。

　なお、「とりたて詞」の中でも、特に「は」と「も」については特筆に値する。これらは、「が」以外のすべての格助詞、「て」以外の若干の接続助詞や「た」「ない」「れる・られる」の助動詞、また、副助詞にも付くなど、他の機能語の類に比べ、その接続の仕方は特異で、非常に多岐にわたることが特徴である。

(78)　聞くは一時の恥、聞かぬは一生の恥
(79)　置いて見るもよし、壁に掛けて見るもよし、さまざまな使い方があります。
(80)　そこまで行ったはいいけど、あとはどうするの。
(81)　彼女に会ったもなにも、私には全く関係のない話だ。
(82)　確かに雨は降りはしたけど、水不足解消とまではいかない。
(83)　人の話をろくに聞きもしないで、飛び出していった。
(84)　彼には私から連絡します。
(85)　彼にも私から連絡します。
(86)　万が一、間違って伝わっては、申し訳ない。
(87)　氏名はカタカナで書いても、問題ありません。

　上記の例 (78) 〜 (81) は、いわゆる準体法的な表現であろう。若干、後続する語句に制限がありそうに思われることからも、多分に慣用表現としての性格が濃いと言える。ただ、いわゆる狭義の慣用句とは違って、「は」「も」は多種多様な動詞を承けることができ、また、タ形などの文末述語の形にも付く点から言っても、「は」「も」は、極

めて高い「収束力」を有しているものであると言えよう。

　また、上記の（82）〜（85）は、典型的な「とりたて」の意味合いがより感じられるものである。このような「とりたて」は、「展開」を担っている動詞の連用形、あるいは、格助詞によって「展開」されようとしているものを、「は」「も」がそこでまた「収束」し直している、という統語的仕組みによって、そのような意味的な解釈が生み出されるのだと考えられる。

　さらに、上記の（86）（87）に見えるように、接続助詞「て」の付いた「ては」「ても」という形式は、多様な意味合いをもって「展開」すると言える。このことは、上記（82）（83）に見える「連用形＋は」「連用形＋も」の場合、「展開」先として、後続する動詞が「する」に限定されているのに対して、「ては」「ても」の場合は、後続する述語にはどのような動詞が来てもよいことからわかる。

　また、以前に挙げた例の繰り返しになるが、下記の例では「は」が付くことによって、非文であったものが適格なものへと解消されることがある。

（88）街へ［ ＊行くに ／ 行くには ］かなり時間がかかる。
（89）ローマ字で［ ＊書くに ／ 書くには ］それ相応の理由がある。
（90）内定をもらった［ ＊ときに ／ ときには ］、とても嬉しかった。

　このように、副助詞の類である「は」は、一般に「主題」を表すも

のとして広く知られているが、さまざまな言語形式に付いて「とりたて」て、「主題」に昇格すれば、文として適格になるという特徴をもっている。

　以上のように、副助詞の類の中でも「は」「も」は、現代語においても準体法もどき表現が少なからず見られるということ、そして、動詞の連用形や格助詞、接続助詞の類を広く承けることができるということから、他の副助詞の類に比べ、「は」「も」にはより高い「収束力」が備わっていると言うことができる。そして、「主題」として「とりたて」れば、本来「展開」できなかったものでも「展開」できるようになったり、さまざまな述語を後続させて意味的な関係を構築できることから、「は」は、「展開力」についても極めて高い機能語であると言えるであろう。

3－2．間投助詞

　一般に口頭表現に見られる間投助詞は、文節末に置かれるものである。発話ではそこに必ず小休止（ポーズ）が置かれ、文構成上の断絶（立ち止まり）を生み出す。したがって、その効果として、間投助詞の付いた文節に、聞き手の注意が向けられることとなる。

（91）田中君がね　駅にね　傘をね　忘れたってね　言ってた。

　上記（91）は間投助詞「ね」を挿入した例であるが、間投助詞は他にも「さ」「よ」などがあり、話し手の人物が特定される位相語のものもある。間投助詞は、一般には書記されることがないために、その他多くの言語形式とは同列に扱いにくいものである。しかし、その特徴から見れば、機能語の一つに数えられるものと思われる。

第3章 「収束」と「展開」

つまり、間投助詞は、「展開」と「収束」を備えた、言葉を生み出していく際の原動力となるものである。

たとえば、上記（91）で挙げた「田中君がね」について言えば、格助詞「が」によって「収束」されて「展開」しようとするものを、間投助詞「ね」があらためて「田中君が」を「収束」し直し、そして文末に向かって「展開」する、という構図で説明できる。このような間投助詞の様相は、まさに「とりたて詞」のあり方と同じであると言えよう。

(92) a 　田中君がね　　駅に　傘を　忘れたって　言ってた。
　　　b 　田中君が　　　駅に　傘を　忘れたって　言ってた。

上記の例（92）のaは、bと比べると、間投助詞「ね」が挿入されることによって、「田中君が」を「とりたて」るとまではいかなくても、少なからず、その部分が聞き手に印象に残るように、あるいは記憶に残るように念押しする、といった効果が感じられる。

このように、「とりたて詞」と間投助詞が似たような様相を見せる背景には、両者ともに「「展開」したものをいったん「収束」させ、それをあらためて「展開」する」という、同じ「収束」と「展開」の統語的仕組みがあるからだと考えられる。

さらに特筆すべきことは、間投助詞と同じ言語形式のものが、文末に置かれる終助詞にもあるということである。このことも、格助詞から接続助詞へ、そしてその接続助詞は終助詞へと変遷があったのと同じようにとらえることができるのではないだろうか。つまり、間投助

157

詞と終助詞の間にも、そこには同じ統語的仕組みが働いているのであり、それによって、そのような文法化が遂げられたのではないかと推測されるのである。

(93) a 今から<u>ね</u>　図書館に　行く。
　　 b 今から　　　図書館に　行く<u>ね</u>。
(94) a 今から<u>さ</u>　図書館に　行く。
　　 b 今から　　　図書館に　行く<u>さ</u>。
(95) a 今から<u>よ</u>　図書館に　行く。
　　 b 今から　　　図書館に　行く<u>よ</u>。

　上記の例（93）〜（95）に挙げたように、aの間投助詞「ね」「さ」「よ」は、すべて「収束」と「展開」という統語的機能をもっていると考えられ、そのような意味では、三者は同質のものである。ところがbのように、その同形の終助詞「ね」「さ」「よ」となると、三者ともそれぞれに異なったモダリティ要素となり、話し手固有の情感を表す意味が付け加わっていることがわかる。つまり、aの下線部は、統語的な領域にあるものだと言えるが、bになると、それは限りなく意味的な領域のものへと変化していることがわかる。

　このように、ある種の「とりたて」のように働くという点においては、機能語の類に属するとも言える間投助詞も、格助詞や接続助詞の場合と同じように、終助詞へという文法化をたどったのではないかと思われる。間投助詞は、それが間投助詞である限りは、「収束」と「展開」を担う機能語の類であるために、それ自体には実質的な意味は有していない。したがって、意味的に無色であるために、あらたな意味（話し手の情感）が載せられる余地が生まれやすいのである。そ

して、文節末、ひいては文末にも位置できるという統語的環境によって、終助詞になれる道筋がおのずとできあがったのではないかと推測されるのである。

　ただ、他の機能語の類と比べると、上記に挙げた例からもわかるとおり、間投助詞は、終助詞とともに「話し手」を限定する傾向にある。つまり、男女による言葉使いや方言といった位相語の類と深く関係があり、そのような点では、他の機能語の類と同じようには扱いにくい側面がある。また、間投助詞のような言語形式は、終助詞以上に口頭表現専用のものであるため、歴史的にも文献などで検証することが難しい。したがって、間投助詞が果たして格助詞や接続助詞の類と同じような文法化を遂げたと言えるのかどうかは、残念ながら推測の域を出ない。また、間投助詞は、話者の属性を特定するという点で、他の機能語の類にはない性質を有していることは確かである。

　ただ、少なくともここで確認しておきたいことは、間投助詞も機能語の類に属するものと考えることができ、その統語的機能は、「収束」と「展開」によって説明ができるという点である。

3－3.「の」「のか」「かと」「とか」

　本論ではこれまで、一般に「疑問の助詞」と呼ばれる「か」は、まずは典型的な補文化辞として位置付けられるとし、その統語的機能について考察してきた。既に述べたように、同じような統語的環境の下にあるように見える助詞「か」であっても、それは、補文化辞の「か」と、補文化辞の文法化した終助詞の類の「か」の、異なる二つの「か」が認められる。「か」をこのように区別してとらえることで、「疑問の助詞」であるはずの「か」が、疑問文（質問文）の成立を阻

んでいる仕組みも説明できることを見てきた。

　たとえば、「あした学校に行きますか」のような、丁寧な言い表し方をしないで、文末にマス形を使わないのであれば、「あした学校に行く？」と言うことができる。しかし、それを、「あした学校に行くか？」と表現すれば、発話としては不安定になる。なぜこのようなことになるかと言えば、このときの「か」は、補文化辞に相当するものとして解釈されやすいためであった。つまり、「か」は、「収束」して、次に「展開」していこうとするのであるが、ここでの統語的環境には「展開」先が見えないために、疑問文（質問文）としては成立しにくくなる、というわけであった。

　いわゆる疑問文（質問文）が構成されるとき、文末には「か」以外にも「の」という言語形式がよく用いられる。また、「の」と「か」が合わさった「のか」という形式もある。そこで、ここでは、「か」に関連する言語現象として、「の」「のか」「かと」「とか」という形式についても、これまでの議論を振り返りながら、統語的に分析を加えてみたい。

　「の」あるいは「のか」という文末形式は、通常の疑問文（質問文）において、聞き手から何らかの情報を得ようとするときに用いられる。なお、「のか」は、しばしば発話では、「んか」となることが多いが、「んか」は「のか」と同義であると考える。

　（96）［あした／いつ］、学校に行くの。（↗）
　（97）あした学校に行くのか（んか）。（↗）
　（98）？？いつ学校に行くのか（んか）。（↗）

第 3 章 「収束」と「展開」

　上記の例（96）の文末の「の」は、上昇調イントネーションを伴うことで疑問文（質問文）を形成し、ここでは、「疑問の助詞」である「か」と似たような終助詞の役割を果たしている。このような終助詞の類に相当する「の」が何に由来するかは、もう見当が付くのではないだろうか。同じ「の」という言語形式をもつ機能語の類、すなわち、形式名詞の類である「の」との関連がおのずと浮かび上がってくるであろう。

　既に述べてきたように、形式名詞「の」は、「か」ほどの「展開力」は有していないにしても、形式名詞の類として補文化辞に位置付けられることを見てきた。そして、補文化辞であるものは、ことごとく終助詞化する傾向があることも見てきた。そして、ここでもまた、補文化辞である「の」という言語形式は、一方で、同じ言語形式のものが終助詞として認められるのである。

　そうすると、このような文末にある「の」も、格助詞、接続助詞、「か」、「と」などの補文化辞と全く同じような過程をたどってきたものではないかと考えられるのである。つまり、上記の（96）のような疑問文（質問文）の文末にある「の」は、元は形式名詞の類で補文化辞であった「の」であり、それが終助詞へと文法化したものではないかと考えられるのである。

　また、「あした学校に行くか？」は、安定した疑問文（質問文）になりにくいことは既に述べたとおりであるが、上記の（97）のように文末が「のか」であると、疑問文（質問文）としては比較的安定するように思われる。このような言語現象については、どのように説明できるであろうか。

この理由としては、「のか」における「の」が補文化辞で、それがあるために、「の」が「収束」を引き受けてくれることによって、その後に付く「か」は、補文化辞の役割を果たす必要がなくなり、終助詞へと移行しやすい統語的環境に置かれるからだと考えられる。つまり、「のか」の最初の「の」は補文化辞であるが、後に続く「か」は、補文化辞ではなく、終助詞の類の「か」であるというわけである。

　また、その一方で、上記の（98）のように「いつ」のような疑問語の類が入ると、再び疑問文（質問文）としては安定しなくなるように思われる。このことは、「か」のもつ補文化辞としての側面が台頭してくるからだと考えられる。つまり、文中に埋め込まれた文（補文）に疑問語を含む場合、それを「収束」することができるのは、他でもない「か」であり、下記の（99）に示すように、それを「の」で代用することはできない。

（99）いつ来る［か／＊の］を知らせてください。

　このように、上記の（98）の「いつ」が入った「のか」が、安定した疑問文（質問文）にならない理由は、疑問語「いつ」の存在にある。つまり、疑問語「いつ」があるために、「の」では「収束」の機能が十分に果たせないことになり、それで、後続の「か」にも補文化辞としての役割が期待されることになる。したがって、（98）の文末は、終助詞ではない、補文化辞の「か」で文が終わってしまっているために、「あした学校に行くか？」と同じような、「展開」の先が明示されていない構図になる。そのようなわけで、（98）は、疑問文（質問文）としては、やや安定性を欠くことになると考えられるのである。

ところで、第1章にも述べたように、機能語がもつ性質は、実質的な意味をもたず、言語形式と言語形式の切れ続きを示す役割をするもので、いわば交通標識のようなものであるとした。したがって、「同種の機能語は原則として重複して表示されない」とし、同じ統語的機能をもつ言語形式が二つ重ねて現れることはない、とした。そうすると、補文化辞は、機能語の類の一つであり、また、その統語的機能は、「文の終わり」ではないことを示すことなのであれば、そのような補文化辞は、二つ重ねて表示されることはない、ということになる。

　「か」と「と」は補文化辞であるが、そのどちらが選択されるかは、主文述語の動詞によって決定される。下記に示す例のように、同じ補文であっても、「知る」は補文化辞に「か」を取り、「思う」は「と」を取る。

(100) いつ行く [か ／ *と] 知っていますか。
(101) いつ行く [か* ／ と] 思いますか。

　そうすると、下記に示す(102)(103)のような「か」と「と」が重複して表示されている例については、どのように説明できるであろうか。

(102) 明日のお昼には各地で大雨になるかと思います。
(103) 日本の学校にあるようなクラブ活動は、外国にはまずないとか。

　既に述べたように、機能語の類がもつ性質とその役割というものを

考えた場合、「文の終わり」ではないことを示す補文化辞が、もし、二つ重ねて置かれていたとすれば、それは理にかなっていないと言わざるをえないだろう。そうすると、上記の（102）（103）の例に見える「とか」「かと」は、それぞれ「か」と「と」のどちらか一方が補文化辞で、もう一方は終助詞化したものであると考えられる。

周知のように、日本語の文末表現は大きく命題的要素とモダリティ的要素に分けることができるが、語順はモダリティ的要素の方が文末に位置する。このような点から見れば、補文化辞と終助詞であれば、モダリティ的要素をもつ終助詞の方が最後尾に来ると考えるのが妥当であろう。したがって、補文化辞と終助詞が並ぶ場合は、「補文化辞→終助詞」という語順になると考えられる。

ただし、唯一の例外として、「補文化辞－終助詞」ではなく「終助詞－補文化辞」と並ぶことがある。それは、補文化辞に「と」を取る場合である。

既に述べたように、補文化辞「と」は、モダリティ要素の類を例外なく「収束」できる唯一の言語形式であることから、補文化辞の中でも最も「収束力」の高い語であるとした。したがって、補文化辞「と」の場合のみ、「終助詞→補文化辞」という現れ方が認められるのである。

したがって、上記の（102）を統語的に説明するならば、その下線部「かと」の「と」は、思考動詞「思います」の補語となる典型的な補文化辞であり、「か」は、話し手の情感で疑問の類を表す終助詞ということになる。したがって、ここでの「かと」では、補文化辞

「と」の比類ない「収束力」により、「終助詞→補文化辞」という並び順になっているというわけである。

　また一方、上記の（103）の例の文末「とか」の場合は、補文化辞「と」によって「収束」された言語形式に、終助詞化した「か」が付いたものだと考えられる。したがって、ここでの並び順は、通例に従った「補文化辞→終助詞」ということになる。実際、（103）の文全体の解釈としては、「日本の学校にあるようなクラブ活動は、外国にはまずないらしい」とでも言い換えられそうな意味合いをもっており、文末に何かが省略されているといったような、後続すべき言語形式があるようには思われない。もし、このように文としては「完結している」という直観が働くならば、このような「か」は、「と」と相まって、二音節からなる終助詞へと移行しつつあるものだとも言えるかもしれない。

　「とか」という言語形式は、この他にも、補文化辞の名残を見せながら、文中で変則的な統語的位置を占める用法が見られる。

（104）明日は雨が降るとか言ってたよ。
（105）行くとか行かないとか、わけがわからない。
（106）こんなにあったお菓子を一人で全部食べちゃうとか、信じられない！

　上記の（104）の「言う」という動詞は、補語に補文化辞として「か」ではなく「と」を取る動詞である。つまり、「明日は雨が降るか言ってたよ」は非文となり、正しくは「明日は雨が降ると言ってたよ」となる。

また、ここでの補文「明日は雨が降る」の中には、疑問語（「いつ」など）が含まれていないために、「か」が「収束」している補文は、疑問文ではない。補文に疑問文が埋め込まれている場合は、必ず疑問語に相当するものが挿入されるからである。つまり、その疑問文が疑問語疑問文であれば、「[いつ来るか] 知っていますか」となり、真偽疑問文であれば「[明日来るかどうか] 知らない」となる。もっとも、真偽疑問文の場合、口頭表現ではしばしば「どうか」が端折られ、「[明日来るか　] 知らない」となることはある。

　そうすると、(104)に見える「と」と「か」の連鎖はどのように解釈すればよいであろうか。それを検討するには、(105)(106)のような例が手がかりとなる。

　上記の例(105)では、「わけがわからない」という述語文に対して、「行くとか行かないとか」は、動詞「わかる」に対する補語（格助詞「が」「を」などで言い表せる成分）とはなっていない。このことは、(106)でも同様で、「信じる」という動詞の目的語として「とか」の補文を解釈するというのは、若干違和感がある。実際、少なくともこの発話では、「一人で全部食べちゃうとか」に格助詞「を」は付けることはできないであろう。もっとも、統語的には格助詞「を」（あるいは格助詞「が」）を付けることは可能かもしれないが、仮にそのような格助詞を付ければ、それは、もはや別の表現内容をもったものとなり、(106)の発話がもつ表現意図は、伝わらないように思われる。つまり、(106)の表現意図から言えば、「一人で全部食べちゃうとか」は、「信じられない」という述語に対して、少なくとも明確な補語の関係にあるとは言いがたいのである。(106)の発話の様子を思い浮かべるとわかるように、「一人で全部食べちゃうとか」と「信じ

られない」という述語の間には、「切れ続き」としては、どこか断絶されているような直観がある。

　では、このような「とか」の補文は、どのような性質をもったものなのであろうか。それは、端的に言えば、いわゆる付加詞とでも言えるようなものではないかと思われる。つまり、副詞の類に似た連用修飾成分なのではあるが、述語に対して副詞ほどには、明確な係り方や意味役割をもっていないもの、というわけである。たとえば（105）では、その「行くとか行かないとか」の補文のところを、文意を汲んで言い換えるならば、「優柔不断な態度を示していて（示すので）」といったように、種々の接続助詞を伴う表現によっても、言い表すことができるのではないだろうか。「行くとか行かないとか」は、述語「わけがわからない」に係ってはいるのであるが、それがどういう論理関係で係っているのかが、明確にされていない表現形式なのである。また、これらの表現は、口頭表現において顕著に見られるもので、その中でも、特にあらたまった場面での使用は避けたい発話の部類であろう。総じて、上記の例（105）〜（106）の文中に見える「とか」は、統語的な位置付けが明確にできない、まだ不安定な表現形式だと言える。

　しかしながら、なぜ「とか」がこのような言語現象を見せるのかについては、統語的原理からすれば、おのずと見えてくるのではないだろうか。つまり、「とか」がひとまとまりの文要素を構成し、文末の述語に係っていく付加詞の類になれるのは、元をたどれば、「と」も「か」も、高い「収束力」と「展開力」をもつ補文化辞であるからである。特に、どのような語句にも付くことができ、そしてそれを「収束」し、文末の方向に向かって「展開」できるものは、他でもない補

文化辞「と」であった。そこに、さらに補文化辞「か」が「と」を「収束」することによって、「とか」は、一つの一体化した補文化辞のようなものになっているのではないかと思われる。

　また、さらに言えば、このような「か」は、「付加詞に付く接尾辞」とでも言えるような言語形式として、統語的には位置付けられるかもしれない。

（107）マルコは果たして無事に母に会えるのか、次回を乞うご期待！
（108）あいつはホントに何をやってんだか、いつまでたっても心配をかける子だ。

　上記の例（107）（108）の「か」は、さきほどの「とか」の例と同様に、後続する文に対してどう係っているのかの説明は、なかなか難しいのではないだろうか。(107) では、「か」の補文が「期待する」という動詞の目的語であるようにも見えるが、「次回を」という補語があることから、必ずしもそうとは言い切れないであろう。また、(108) であれば、そもそも「か」の補文が係っていけそうな述語自体が見当たらない。あるいは、これらの二つの例文は、係っていることすら若干疑わしいほど、「緩く」係っているとでも言えるかもしれない。このような「か」は、確かに後続する述語に対して「展開」はしているのであるが、補語、あるいは副詞の類や接続助詞の類とは異なる「展開」の仕方をしているように思われる。このように、まるで付加詞を形成しているかのような「か」の用法についても、補文化辞「か」のもつ「収束」と「展開」を背景とした、文法化の一つであると言えるのではないかと思われる。

第3章 「収束」と「展開」

　以上のように、「か」に関連するものとして、「の」「のか」「かと」「とか」という言語形式について考察してきたが、このようにして見てみると、「付加詞に付く接尾辞」のような「か」をもって、「か」は一体助詞なのか、接辞なのかと、品詞論の枠組みを問題にしても意味がないことは、もう明らかであろう。なぜかと言えば、つまるところ、「か」は、「収束」と「展開」を有する補文化辞である、という点に尽きるからである。

　佐伯（1953）は、いわゆる助詞の「の」について、「文法的には連体語と説明すべきものであっても、それよりも接続語というように感じられ、「の」は接続語を作る助詞で、接続助詞ではないかというようにも感じられる」と述べている。ここに述べられている所感こそが、まさに「の」がもっている「収束」と「展開」のことではないだろうか。

　また、阪倉（1970）は、その論考の中で、通時的に見た日本語の構文の特徴について興味深い指摘をしている。それによれば、日本語の構文は、「開いた構造」から「閉じた構造」へと推移したという。ここでいう「開いた構造」というのは、小松（1997）が「連接構文」と称している、平安時代の和文によく見られる文のスタイルのことである。つまり、どこで始まってどこで切れているのかよくわからないといった、ダラダラと続く文のことであり、現代語で言えば、間違いなく悪文とされるものである。言わば、口頭表現を書記したものに近いと言ってもよいであろう。そのような未分化な表現から、格助詞、接続詞などが台頭することによって、分析的で論理的な表現となり、緊密なまとまりをもった文を構成していくようになった、というわけで、「閉じた構造」になったのだという。

しかし、21世紀を迎えた今、また、さらに「閉じた構造」から「開いた構造」に移行しつつあるようにも思われる。

　たとえば、本論の中でも言及した「言いさし文」などがそれで、接続助詞の類で文を終わらせるのは、どこか「閉じたくない」構文であるようにも思われる。また、ひと頃、問題になった「語尾上げ」という口頭表現もその一つではないだろうか。「語尾上げ」は、文節末のイントネーションをいちいち上げて発話するものであり、多分に耳障りであるとして、よく批判の的となったものである。このように、語尾を上げたままの状態にするというのは、どこか「閉じていない」感じがしないでもない。また、さきほど上げた「付加詞に付く接尾辞」の「か」の例についてもそうで、「か」は、どこかに「係って」いこうとする気配が感じられることから、「閉じたくない」構造をもっているのではないかと思われる。

　このような「閉じた構造」と「開いた構造」に見える文形成の仕組みについても、つまるところ、それは、「収束」と「展開」によってもたらされるあり方だと言えるのではないだろうか。一つにまとまりたいとする「収束」と、その一方で、どこかに係っていきたいとする「展開」は、言語形式のあらゆるレベルにおいて見られる統語的原理だと考えられる。そうして、言葉というものは、「収束」と「展開」が互いに拮抗しながら紡ぎ出されていくものなのではないだろうか。

終　章

論点のまとめ

　これまでに述べてきたことの要点を、以下に振り返っておきたい。

　第1章で述べたことの論点を総括すれば、いわゆる実質的な概念を表す語類の対極にあるものとして、統語的機能に特化した言語形式、すなわち機能語の類が認められるということ、そしてそのことは、日本語の研究においても古くより見いだされてはいたが、そのような機能語の類に通じる本質的な共通概念は見いだされていなかった、ということである。

　そこで、機能語の類にまつわる言語現象や文の構成など、統語論の分野で種々に言い表されてきた文法的概念は、「収束」と「展開」という統語的原理を設定することで、すべて一様に記述できることを述べた。

　第2章で述べたことの論点を総括すれば、補文化辞という、日本語における伝統的な品詞論の枠組みにはない統語的概念を援用すること

で、機能語の類がもつ性質を具体的に明らかにしたということであった。いわば、補文化辞を、機能語の類を映し出す鏡のように用いることで、統語的原理を客観的に描こうとしたわけである。一般に、日本語における統語的関係を描くには、少なからず通例の日本語の品詞論の枠組みにある概念用語を用いざるを得なかった。しかし、そのような枠組みを取り払ってこそ、統語的原理は見えてくるのであった。

　補文化辞というのは、もともとは屈折語である英語に由来する統語的概念である。ふつう屈折語は、一つの言語形式内における変容によって統語的概念を表す。そのような中で、幸運にも、補文化辞という概念は、屈折語においても、単語のレベルで取り出せる統語的概念であるために、日本語にも適用しやすい言語形式であった。そこで、日本語における補文化辞についてあらためて検討した結果、日本語の補文化辞には、終助詞を除く助詞の類やその他いくつかの言語形式がそれに該当するのではないかという提案を行った。このことは、奇しくも一般的に機能語という概念で直観的に把握されていたものとも一致する。つまり、補文化辞の中で取り出された特徴は、そのまま機能語のもつ統語的性質として認められるということであり、そこには例外なく「収束」と「展開」が見いだせるのであった。

　第3章で述べたことの論点を総括すれば、「収束」と「展開」という統語的原理を創出することで、どのような利点があるのかを示したということである。一見すると無関係に見える別々の言語現象も、「収束」と「展開」という概念を用いれば、ある種の文法化をたどったものとして位置付けられることができ、容易にその関連性が見えてくるというわけである。

終　章

　「収束」と「展開」は「動的な働き」であった。「動的」であるからには、そこには力の加減があるはずである。言語形式と言語形式の切れ続きを見ることで、「収束力」と「展開力」を客観的に見て取ることができる。そして、そのことによって、文法化をはじめとするいくつかの言語現象に対して、統語的な観点から一元的に説明が与えられるというわけであった。

　そもそも「統語」とは、どのような内容を言い表す言葉なのだろうか。本書は、その分析的視点をあらためて問い直し、それに一定の答えを出そうと試みたものであった。そして、その問いに対する答えは、以下のとおりとなる。

　　「統語」とは、言語形式と言語形式の間に働く「収束」と「展開」
　　のあり方のことである。

　言語研究を扱う論考には、ある言語現象に対してしばしば「統語的に」「統語的な」といった表現が使われることがある。そして、その内容は、語順（文節間での並び順）や、単語と単語の切れ続き、活用語における活用のあり方、修飾語と被修飾語の係り受け、述語と補語の格関係などといった局面を指している。

　日本語という言語は、膠着語の部類に入るものであり、ある要となる言語形式に対して、なんらかの言語形式を付加することで意味機能を整え、小さい単位から大きい単位へと、言語形式が相互に関係を結ぶことによって、文が構築されていく。この過程にあるものこそが、まさに「収束」と「展開」であるというわけである。「収束」と「展開」は「統語的原理」であるとし、言語の構成上の基底に関わるもの

173

として位置付け、日本語における「統語」の定義そのものに挑んだものは、ほとんど先例がなかったのではないかと思われる。

また、「統語」は言語形式自身に宿る「動的な働き」であるとする観点も、とりわけ重要な事柄である。「言葉は生き物である」とは、さまざまな文脈でよく言われることであるが、言語の使い手であるヒトによってもたらされる事柄とは別に、言語形式（特に機能語の類）にはある種の原動力のようなものが備わっている。そして、それがあたかも生き物のように「動的な働き」を営むことで、文は生み出されていくのである。

「収束」と「展開」とは、ある意味、プラスとマイナスのように相反する二項対立をなすものである。一方は、一つに縮こまろうとする働きで、もう片方は、拡張しようとする働きである。語のレベル、句のレベル、文のレベルなどさまざまなレベルで、「収束」と「展開」という伸縮運動が繰り広げられることで、日本語という言葉は生み出されていく。

このようにして、日本語における文形成のメカニズムは、一貫して「収束」と「展開」によるものであると総括することができるのである。

希望的観測

初めに述べたように、本書は「統語」とは何かを明らかにするために、まずは統語的機能のみに特化した言語形式を扱おうというわけで、補文化辞という概念を手掛かりにしながら、いわゆる助詞の類と

終章

一部の形式名詞について、詳細に論じた。そして、機能語の類の代表とも言えるこれらの言語形式には、確かに「収束」と「展開」が認められることを見てきた。

では、いわゆる実質語の類については、どうなのであろうか。実質語の類には「収束」と「展開」は備わっていないのであろうか。もし、「収束」と「展開」が統語的原理として認められるのであれば、文中における言語形式であれば、そこには少なからず「統語」的機能が備わっていると考えられるのではないだろうか。

そこで、このような見地に立って、以下に、本書でのこれまでの考察がどのように発展しうるのか、その希望的観測を述べてみたい。

文中における如何なる言語形式にも統語的機能を備えているという考え方は、決して新しいものではない。本論の中でも既に触れたように、渡辺実氏が「構文的職能」として「素材表示」という概念で位置付けていたものがそうであった。言うなれば、機能語の類のみならず、文中における普通名詞にさえも、ある種の統語的機能が備わっているとし、そこに発揮される具体的な機能を「素材表示」としたのである。

しかしながら、本書での見解からすれば、「統語」というのは、あくまでも「動的な」働きを指すものであり、そのことは、「収束」と「展開」という概念に換言できるものであった。つまり、ある種の言葉のもつ概念「素材」を、形式として「表示」するだけでは、それは「統語」的機能とは言えないのである。そうすると、本論で扱ったもの以外の言語形式には、どのような統語的機能が備わっていると考えることができるのであろうか。

すべての言語形式は、何らかの統語的機能を果たす力を潜在的にもっており、その機能は、文中に置かれることで、その環境に合った形で発揮される。もし、このような前提に立つのであれば、日本語における各種の言語形式はすべて、「収束」か「展開」かの機能をもっているとすることができる。

　では、その試みとして、その全容を明かしてみたい。

　いわゆる学校文法での品詞分類によれば、単語として認定される日本語の言語形式は、11の品詞に区分されている。これは、広く一般にも理解されているものと思われるので、おおよその全体像を把握するために、便宜上、その品詞分類を用いることにする。そして、これらの11品詞を「収束」と「展開」の見地から判定すると、おおむね以下のようになると思われる。

　　　【「収束」と「展開」の両方を備えているもの】
　　　　　　動詞（「読む」「食べる」「来る」等の語類）
　　　　　　形容詞（「小さい」「楽しい」「良い」等の語類）
　　　　　　形容動詞（「静かな」「立派な」「元気な」等の語類）
　　　　　　助動詞（「られる」「ない」「ようだ」等の語類）
　　　　　　助詞（「を」「も」「ば」「ね」等の語類）

　　　【「収束」のみを備えているもの】
　　　　　　名詞（「本」「学生」「うさぎ」等の語類）
　　　　　　代名詞（「私」「これ」「そちら」等の語類）
　　　　　　感動詞（「はい」「まあ」「もしもし」等の語類）

終　章

【「展開」のみを備えているもの】
　　　副詞（「ゆっくり」「たくさん」「必ず」等の語類）
　　　連体詞（「この」「その」「あらゆる」等の語類）
　　　接続詞（「だから」「しかし」「そして」等の語類）

　【「収束」と「展開」の両方を備えているもの】については、まず、活用のあるものがすべてこれに該当する。動詞、形容詞、形容動詞は、すべて述語になれることから、文頭側にある補語を受けて、「文」として「収束」できる力をもっている。そして、それらが「終止形」であれば、そこで「文」として「収束」するのであるが、「非終止形」であれば、さらに文末に向かって「展開」していくことになる。

　また、助動詞については、文頭側にある言語形式を「収束」して、大きな「述語」を形成する機能をもつ。助動詞も活用をするので、他の活用語と同様に、それが「終止形」であれば、そこで「文」として「収束」し、「非終止形」であれば、さらに文末に向かって「展開」する。

　また、助詞の類については、既に本論で詳細に論じたように、おおむね「収束」と「展開」の両方を有した典型的な機能語の類であると言える。

　【「収束」のみを備えているもの】については、まず、名詞の類がこれに該当する。なお、ここでの名詞というのは、いわゆる普通名詞の類のことである。というのも、形式名詞の類については、既に本論で詳細に論じたとおりで、「収束」と「展開」をもつものとして位置付けられる。

177

いわゆる普通名詞が「収束」する様相は、通常の連体修飾の関係からうかがうことができる。

（１）［昨日読んだ］本

　被修飾語である「本」は、「私が読んだ」を受けて、全体として一つの名詞句を形成している。このような意味では、上記の（１）の「本」は、下記の（２）の形式名詞「こと」による「収束」と同じ様相を示していると言える。

（２）［私が話した］こと

　名詞は、文中において特に連体修飾の被修飾語となった場合に、それが潜在的にもっている「収束」の機能が現れると考えられる。もっとも、名詞は修飾語が付かないままで、単独でも用いることができるので、そのような場合は、「収束」は明示的には現れない。しかし、「係り受け」の「受け」になれるというその統語的特徴は、「収束」であると言えるであろう。

　本論でも「陳述」が一種の「収束」であるということを述べたが、「収束」という動的な力の存在は、明示的な形では見えにくいものであり、そのことは「収束」の特徴でもある。そのような背景があったからこそ、「陳述とは何であるか」という陳述論争が巻き起こったのであった。そういう意味では、「収束」に比べ、「展開」の存在は、係っていく先が言語形式の上で現れることが多いために、比較的明示的なものであると言える。

終　章

　潜在的に「収束」を備えている名詞「本」は、それ以上に文末の方向に向かって、何か関係性を求めるような性質はもっていない。渡辺（1971）の言うように、ある種の「素材」が「表示」されただけの格好になっており、そのようなことからも、名詞は一般に「展開」を有していないということができる。

　ただ、一般に名詞に属するとされるものの中には、例外的なものもある。その一つが、時に関する名詞であり、これは「展開」を有しているものと言えるであろう。

（３）［ 今日 ／ 今週 ／ 今月 ／ 一年前 ／ ９月４日 ］、覚悟を決めた。

　上記の（３）に示すように、時に関する名詞の中には、明らかに副詞のような性質をもったものがあり、そのような意味では、「展開」する能力が高いものがあることがうかがえる。しかも、場合によっては、格助詞「に」を付けることができない、すなわち、格助詞「に」による「収束」を許さないものもある。

（３）'［ *今日に ／ *今週に ／ *今月に ／ 一年前に ／ ９月４日に ］、覚悟を決めた。

　時を表す名詞の中には、「収束」されることを拒むほど、より「展開」に傾いたものがあるというわけである。

　また、「一本」「一枚」といったような数量詞の類も、学校文法では名詞の類に入れられているものだが、これらについても時を表す名詞

179

と同様、副詞に近いあり方を示している。そのような点から、数量詞の類も「展開」を有した例外的な名詞の一つに数えられるであろう。

（４）玄関に傘が<u>一本</u>置いてあった。 ／ 友達にCDを<u>一枚</u>あげた。

　また、代名詞に関して言えば、「私」「あなた」といった人称代名詞は、上に述べた「本」などの普通名詞と同様に連体修飾を可能にすることから、「収束」を担うものだと言える。

（５）［朝起きるのが苦手である］［<u>私</u> ／ <u>あなた</u>］は・・・

　ただ、「これ」「それ」「ここ」「そこ」といった語の場合、決して非文ではないが、普通名詞ほどには、自由に連体修飾の被修飾語にはなりにくいように思われる。

（６）［昨日読んだ］［<u>これ</u> ／ <u>それ</u>］は・・・
（７）［私が話した］［<u>ここ</u> ／ <u>そこ</u>］は・・・

　そもそも、名詞にわざわざ修飾語を付ける理由とは何であろうか。その理由の一つには、「限定」するといった点が挙げられるであろう。たとえば、友達から「本、貸して。」と言われたとき、「本」が複数あった場合は、一体どの本を指しているのかはわからない。そこで、「<u>あの白い本</u>」「<u>昨日買った本</u>」というように、修飾語を付けて「限定」することで、他の本と区別する必要が出てくるのである。

　「これ」「ここ」といった語は、指示詞である。なぜ指示詞の場合、一般名詞に比べて、若干据わりが悪く感じられるかといえば、それ

は、指示詞がもっている、既出の、直近に提示した事柄を再び指し示すという、その意味機能にあるように思われる。つまり、指示したいもの（内容）にあらためて修飾語を冠することによって、他のもの（内容）と区別するために「限定」を施す、というような状況が起こりにくいからではないかと思われる。

　このように、同じ代名詞の類でも「収束力」には違いがあると言えそうだが、ただ、名詞であれ、代名詞であれ、多少なりとも「係り受け」の「受け」を担えることには違いないと言えるであろう。

　概して、名詞、代名詞はともに、潜在的には原則として「収束」を担えるものとなっており、全体として一つの名詞句となるよう、文頭側にある何らかの言語形式をひとまとまりに括り上げることができる。また、それらは、時に関する名詞や数量詞を除いては、文末側にある言語形式に向かって係っていく作用はもっていないために、「展開」は有していないということになる。

　また、感動詞も「収束」のみをもつ語であると言える。

（8）ああ、びっくりした。

　感動詞はそれだけでも一文になれるもので、その一語全体で「文」に相当するほど、ある種の完結性をもったものである。上記の（8）の例では、「ああ」という感動詞の後に読点「、」があるが、これは句点「。」でもよい。また、一見すると、統語的には副詞のような立ち位置にあるが、決して、後に続く用言「びっくりした」を修飾しているというわけではない。そのようなことから、少なくとも副詞のよう

181

に「展開」をもつものでないことはわかるであろう。

　山田孝雄氏は、感動詞のようなものでも、そこには「陳述」が見られるために、「喚体の句」であるとして、それは一つの文相当になるとしている。本論で述べたように、補文化辞が「文の終わり」ではないことを表す標識であるとすれば、「陳述」は、それに対置できるものであり、「文の終わり」であることを示す統語的標識であるとした。つまり、「陳述」は、文頭側にある言語形式を「文」という一つの単位に括りあげるものだと考えられ、その統語的機能は、「収束」に該当するものである。

　したがって、感動詞が「陳述」を担っていると考えるのであれば、それは、ひいては「収束」を担えるものということになるであろう。

　【「展開」のみを備えているもの】について言えば、副詞、連体詞、接続詞がこれに該当する。これらはまず、連体修飾や連用修飾の関係において、「係り受け」の「受け」を担うことができないものである。つまり、文頭側にある何らかの言語形式から「係られて」、それを「受ける」ということができない。副詞、連体詞、接続詞は、そのような統語的なあり方を見せないことから、「収束」は有していないとすることができる。そしてその一方で、「展開」については、それぞれの語性によってさまざまなあり方を見せる。

（9）ゆっくり 歩く。
（10）この 本
（11）しかし、私は・・・

終　章

　一般に上記の（9）のような副詞は用言を修飾するものであり、(10)のような連体詞は名詞を修飾するものである。副詞、連体詞はいずれも、文末側にある言語形式に向かって「展開」していると言える。また、(11)のような接続詞は、副詞や連体詞のように語の単位で「展開」するのではなく、文の単位で「展開」するものだと言えるであろう。

　以上のように、もし、統語的な観点のみで品詞分類を行うとすれば、まずは【「収束」と「展開」の両方を備えているもの】【「収束」のみを備えているもの】【「展開」のみを備えているもの】の三つに区分できる。そして、便宜上、「語」という言語形式の単位を用いるとすれば、統語的な観点のみに立脚した日本語の品詞分類は、以下のようになるのではないかと思われる。

　　【「収束」と「展開」の両方を備えているもの】→「収束・展開語」
　　【「収束」のみを備えているもの】→「収束語」
　　【「展開」のみを備えているもの】→「展開語」

　そして、さらに「収束・展開語」「収束語」「展開語」に該当する語の中でも、個々の語によって、「収束」と「展開」のあり方や、「収束力」と「展開力」に違いを見せるであろう。そうして、そのような違いを反映させながら語を分類していけば、より詳細な体系が描けるのではないかと思われる。

　第1章のところにも挙げた、渡辺（1971：384）の記述を再度、以下に引用する。

活用体系の整理が形態そのものよりもむしろ構文的職能を基準としてなされるべきであったのと全く同様に、品詞分類もまた、構文的職能を唯一の基準として進められるべきであると考える。

もしも渡辺氏の指摘通り品詞分類を試みるならば、上記で述べたような体系が得られるのではないかと考えられる。統語的な観点のみによる品詞分類は、「収束」と「展開」という概念を指標にすることによって、実現することができるかもしれない。

結びにかえて

本書では、主として機能語の類を中心に、日本語における「統語」とは何かを論じてきた。日本語における「統語」とは、つまり「収束」と「展開」のことであり、それは、まず機能語の類が明示的に発揮するものであるとした。しかし、上記の希望的観測のところで述べたように、「収束」と「展開」という統語的原理は、すべての言語形式に備わるものであり、機能語の類のみならず実質語の類についても適用できる概念ではないかと思われる。

日本語は、個々の言語形式がもっている「収束」と「展開」という「動的な働き」による伸縮運動が繰り返されることによって、形成されるのだと考えられる。そして、これが、日本語の文形成のメカニズムなのである。このような文形成のメカニズムを考える根底には、「言葉」を無生物としての「モノ」と見るのではなく、まさに生物として、主体的に動くものとしてとらえようとする考え方があった。「収束」と「展開」という発想には、そのような動的な要素を描こうとした背景がある。「言霊」とまでは言わなくとも、人間と言葉は切

り離せないものである。ひいては、言葉自身が主体的に意志をもって、まとまろうと「収束」したり、伸びていこうと「展開」したりという伸縮運動をするのだと言っても、イメージ的には、それほど直観と乖離した話ではないように思われる。言うなれば、「言葉は生き物である」という原点に立ち返って、統語的な言葉のあり方を眺めてみたといってもよいであろう。

　日本語において一つの文が形成されるまでには、形態素から語のレベルへ、そして語から文節のレベルへ、文節から句や文のレベルへといったように、言わば、ミクロの次元からマクロの次元にまで、それぞれのレベルにおいて統語的原理が働いている。そして、そのレベルの如何にかかわらず、そこには「収束」と「展開」という同様の仕掛けが働いていると考えられるのである。

　ミクロ、マクロという言い方は、時枝誠記氏の「詞」と「辞」による「入子型構造」のイメージにもなぞらえるものであり、また、渡辺実氏による、「展叙」と「統叙」からなる文に相当するものが、さらに全体として「再展叙」の成分となって、その先にある別の「統叙」に係っていく、というような見解とも通じるものがある。

　このような文形成にまつわる構図は、日本語の文形成の過程における「収束」と「展開」からなる相似形が、幾重にも折り重なるように付加されるというイメージに置き換えることができる。局所的に見れば、小さなレベルでさまざまな言語形式が多種多様に「収束」と「展開」を繰り返しているが、俯瞰的に見れば、「文」という大きな「収束」になっているというわけである。まさに、第1章の最後で述べたマンデルブロ集合のようなフラクタル図形によく似ていると思えてな

185

らないのだが、果たしてどうであろうか。

　また、本論では既存の概念用語を用いようとしたために、「補文化辞」という、日本語の伝統的な文法論にはない用語を援用した。そして「補文化辞」は、言うなれば「陳述」に対置できるものという位置付けを行った。しかし、「補文化辞」という概念は、その出自から言えば、「文とは何をもって文となすか」という問題とは無関係なものであるために、「陳述」に対する用語としては、決して適当だとは言えないであろう。ただ、そうかといって、むやみに新しい用語を創出するのも、あまり有益ではないように思われたために、本論では便宜上、「補文化辞」という用語をそのまま用いたという次第である。

　ただ、このことに関して一つだけ特筆しておきたいことがある。それは、かねてから言われているように、山田孝雄氏が「陳述」という概念を創出したことは、日本語の文法界における大発見であり、その功績は極めて偉大であったということである。本研究を進めていくうちに、このことに改めて共感するとともに、文法論における学術的意義を実感として感じられるに至った。

　言語を研究するうえでは、どうしても有形の、目に見える言語形式を扱いがちである。したがって、無形の「ゼロ形式」と呼ばれるような事柄を説明するのは、決して容易なことではない。一般に、「ゼロ形式」を認める立場は、まず最初に、有形の何らかの概念を表す言語形式があり、それに対応する形で「ゼロ形式」を設定するといったような論理的展開があるように思われる。なぜ「陳述」がこれほどまでに認知が困難な概念であったかと言えば、それは、まず有形の言語形式があり、そこから対置される形で生み出されたのではなく、無形の

終章

「ゼロ形式」から出発した概念であったからではないかと思われる。

　もし、本研究が日本語の文法界に何か寄与できることがあったとすれば、それは、日本語には確かに「陳述」という概念が存在し、そして、それは日本語の文形成における統語的原理の中に、確かに見いだせるとした点にあるのではないだろうか。

引用文献一覧

池谷知子（2011）「引用形式をとった話し言葉のモダリティ―コンビニに行こうっとの「ット」は何を表すのか―」『文林』45．神戸松蔭女子学院大学．

石垣謙二（1955）『助詞の歴史的研究』岩波書店．東京．

井手　至（1967）「形式名詞とは何か」『講座日本語の文法3』明治書院．東京．

井上和子（1976）『変形文法と日本語（上）』大修館書店．東京．

大木一夫（2004）「動詞の連体形」『国語学研究』第43号．東北大学文学部．

大久保忠利（1968）『増補版　日本文法陳述論』明治書院．東京．

大槻文彦（1897）『広日本文典』三松堂．東京．

奥津敬一郎（1974）『生成日本文法論』大修館書店．東京．

尾崎知光（1976）「文法研究の歴史（1）」『岩波講座日本語6　文法Ⅰ』岩波書店．東京．

影山太郎（1993）『文法と語形成』ひつじ書房．東京．

加藤一郎（1972）「名詞とは何か」『品詞別日本文法講座2　名詞・代名詞』明治書院．東京．

加藤陽子（2010）『話し言葉における引用表現―引用標識に着目して―』くろしお出版．東京．

川本茂雄（1956）『文の構造』白水社．東京．

金田一春彦（1953）「不変化助動詞の本質（上）」『国語国文』第22巻5号．

久野　暲（1973）『日本文法研究』大修館書店．東京．

此島正年（1966）『国語助詞の研究─助詞史の素描─』桜楓社．東京．

小松英雄（1997）『仮名文の構文原理』笠間書院．東京．

近藤泰弘（2000）『日本語記述文法の理論』ひつじ書房．東京．

佐伯梅友（1953）「接続助詞「ものの」と「が」とについて」『金田一博士古稀記念言語・民俗論叢』三省堂．東京．

阪倉篤義（1970）「開いた表現」から「閉じた表現」へ─国語史のありかた試論─」『国語と国文学』第47巻10号．

佐久間鼎（1938）「吸着語の問題」『国語国文』第8巻10号．

佐久間鼎（1966）『現代日本語の表現と語法』恒星社厚生閣．東京．

佐竹昭広・木下正俊・小島憲之（1972）『萬葉集　訳文篇』塙書房．東京．

島田泰子（2013）「広告表現等における〈終止形準体法〉について」『叙説』40号．奈良女子大学日本アジア言語文化学会．

白川博之（2009）『言いさし文の研究』くろしお出版．東京．

城田　俊（1998）『日本語形態論』ひつじ書房．東京．

土井忠生（1958）「格助詞─の・が・な・つ・だ・い・を・に・と・へ・より・よ・ゆり・ゆ・から・て─」『国文学解釈と鑑賞』第23巻4号．至文堂．東京．

時枝誠記（1941）『国語学原論』岩波書店．東京．

時枝誠記（1950）『日本文法口語篇』岩波書店．東京．

中右　実（1979）「モダリティと命題」『英語と日本語と』くろしお出版．東京．

中村　捷・金子義明・菊地　朗（1989）『生成文法の基礎』研究社出版．東京．

仁田義雄（1989）「現代日本語のモダリティの体系と構造」『日本語のモダリティ』くろしお出版．東京．

根来　司（1979）国立国会図書館蔵『手爾葉大概抄　手爾葉大概抄之抄』和泉書院．大阪．
芳賀　綏（1962）『日本文法教室』東京堂．東京．
橋本進吉（1931）『新文典』冨山房．東京．
橋本進吉（1948）『国語法研究』（『橋本進吉博士著作集』第二冊）岩波書店．東京．
古田東朔（1976）「文法研究の歴史（２）」『岩波講座日本語６　文法Ⅰ』岩波書店．東京．
松尾捨治郎校註（1932）『あゆひ抄』大岡山書店．東京．
松尾捨治郎校註（1934）『かざし抄』大岡山書店．東京．
松下大三郎（1924）『標準日本文法』紀元社．東京．
松下大三郎（1930）『標準日本口語法』中文館書店．東京．
三上　章（1956）『現代語法序説』くろしお出版．東京．
宮地朝子（2007）「形式名詞の文法化―名詞句としての語性から見る―」青木博史編『日本語の構造変化と文法化』ひつじ書房．東京．
山口堯二（2002）「「はずだ」の成立」『国語と国文学』第79巻11号．
山口佳紀（1973）「形容詞活用の成立」『国語と国文学』第50巻9号．
山田孝雄（1908）『日本文法論』宝文館．東京．
山田孝雄（1936）『日本文法学概論』宝文館．東京．
渡辺　実（1971）『国語構文論』塙書房．東京．

Charles Bally（1965）*Linguistique générale et linguistique française*, A. Francke, Berne.（小林秀夫訳『一般言語学とフランス言語学』（1970）岩波書店．東京．）
Fillmore, C. J（1968）"The Case for Case." In E. Bach & R.T. Harms（eds.）, *Universals in Linguistic Theory*. Holt,

Rinehart & Winston, New York.（田中春美・船城道雄訳『格文法の原理―言語の意味と構造―』(1975) 三省堂. 東京.）

Josephs, Lewis S (1976) "Complementation." In: Masayoshi Shibatani (ed.) *Syntax and Semantics 5 : Japanese Generative Grammar*, 307-369. Academic Press, New York.

Lucien Tesnière (1959) *Éléments de Syntaxe Structurale*, Klincksieck, Paris.（小泉保監訳『構造統語論要説』(2007) 研究社. 東京.）

Nakau, Minoru (1973) *Sentential complementation in Japanese*. Kaitakusha, Tokyo.

Paul J. Hopper and Elizabeth Closs Traugott (1993) *Grammaticalization*. Cambridge University Press.（日野資成訳『文法化』(2003) 九州大学出版会.）

日本古典文学大系『竹取物語 伊勢物語 大和物語』『源氏物語』『今昔物語集』『土左日記 かげろふ日記 和泉式部日記 更級日記』岩波書店. 東京.

亀井　孝・河野六郎・千野栄一編著『言語学大辞典』三省堂. 東京.
国語学会編『国語学大辞典』東京堂出版. 東京.

文部省 (1943)『中等文法一』中等学校教科書株式会社. 東京.
文部省 (1944)『中等文法二』中等学校教科書株式会社. 東京.

（付記）
　本書は、2014 年 11 月に、大阪大学に提出した博士学位論文「日本

語の統語的原理—「収束」と「展開」」を下敷に、加筆・修正を施したものである。本書の記述の一部分については、過去の研究論文の中で、既に同様の言及をしているものもある。ただ、「統語的原理」として提案した一連の見解については、本書で述べたものとは異なる部分もあり、既に発表したものから少なからず変更が加えられている。参考までに、本書の内容に比較的関係のある最近の既発表論文を下記に挙げておく。

- 「日本語の補文化辞がもつ統語的性質について—「収束」という概念—」『KLS 34』pp.133-144. 関西言語学会（2014 年 6 月）
- 「補文化辞「か」と「と」の文法化」『日本語・日本文化』第 40 号. pp.41-53. 大阪大学日本語日本文化教育センター（2013 年 3 月）
- 「助詞「に」の統語的性質について—補文化辞の観点から—」『日本語・日本文化』第 38 号. pp.81-99. 大阪大学日本語日本文化教育センター（2012 年 3 月）
- 「文法研究の応用—形式名詞について—」『授業研究』第 6 号. pp.23-33. 大阪大学日本語日本文化教育センター（2008 年 3 月）

あとがき

　本書は、2014年11月に、大阪大学に提出した博士学位論文「日本語の統語的原理―「収束」と「展開」」を下敷に、加筆・修正を施したものである。本書の内容は、私が言葉の研究を志してから今日まで、ずっと長い間あたためてきたものであり、自分自身の中では、一生に一度思いつくかつかないかの構想を、満を持して披露したものとも言える。本書で述べた言語観には、筆者がこれまでどのような言語生活を送って来たかが、少なからず反映されているものと思われる。そこで、本研究に至るまでの背景（生い立ち）について、恥ずかしながら若干書き残しておきたいと思う。

　おそらく言葉の研究に携わる者は、多かれ少なかれ皆そうであろうが、私自身もご多分に洩れず、今にして思えば、幼少の頃から少々「言葉オタク」であったように思う。小学校一年生のとき、初めて書いた学校の作文で「（遠足か何かが）とっても楽しかった。」と書いたのを、先生に赤ペンで「とっても」を「とても」と直されたことがあった。あのときの得も言われぬショック（もやもや）は、相当長く引きずった。言うなれば、書き言葉に適した表現（表記）の区別というものであろうが、脳内にある言語体系と、音声や表記で表される言語体系とは異なるんだという類いのことを（もちろん当時はこのように明確には語れなかったわけだが）ずっと不思議に思い悩んでいた子どもだった。

　そして、中学1年生の時の国語の時間に習った学校文法は、まさに

青天の霹靂であった。混沌とした言語形式の集合が、こうも見事に整理整頓されていくのかと、もう感動を通り越して、うっとりするほどの美しさすら覚えたことを鮮明に記憶している。当時、一学年に500人近くいた中学校で、国語の定期試験の出題範囲がまるまる学校文法、平均点が確か30点台（極めて異例）ということがあり、私はその試験で二問だけ間違えて96点だった。何を間違えたかと言うと、サ行変格活用動詞「する」の活用表を完成させるのに、三つある未然形「さ・し・せ」を完全に書けなかった（全てを思いつけなかった）のが一つ。そして、もう一つは、実際の文は忘れたが、「ゆっくり静かに話す」のように、「話す」の動詞に様態の副詞相当語句が二つ係っている文があり、「ゆっくり」はどこを修飾しているか、というような問いであった。「ゆっくり」は直後の「静かに」を修飾している、と答えて不正解だったのだが、こんなことをまだ根に持っていること自体が、やはり「言葉オタク」である。

　やがて大学に入学して一般言語学を学ぶようになり、ブルームフィールドの構造主義、英語による直接構成素分析などに触れた際には、不遜にも「これは自分が考えていたことと全く同じだ！」などと、ひとり悦に入ったりもした。特に、発想力と緻密さの点においては、チョムスキーの生成文法は圧巻と言うほかなかった。自分自身が漠然と心に抱いていた言語観が客観視できる嬉しさ、そして、言葉を体系化する、という世界にますます取り憑かれてしまったわけである。大学では、ひとことで言えば、「言葉とは何か？」という問いに対して、その言葉の体系をできるだけ可視化して見せようと格闘してきた歴史や、なかなか一筋縄ではいかない理論構築の過程を教わったように思う。

あとがき

　私は、1987 年に開設された大阪外国語大学外国語学部日本語学科の最初の学生だったが、学科名に「日本語学」という（当時の私にはまだまだ）聞き慣れない学術分野が付いていたせいで、いろいろに苦労した。なぜなら、一般世間では、外国語学部で「日本語」を学ぶというのは、帰国子女などにあたる人達だと解釈されるのが常だったからである。「いや、そうではなくて、これこれのことを学ぶ分野で・・・」と言うと、すかさず「では、国語学ですか？」と返ってきて、何度も閉口した。2004 年に「国語学会」は「日本語学会」に名称を変えたが、この名称変更の際には、学会内でも賛否真っ二つに分かれたという。今でこそ、「国語・国文学科」は、時代遅れと言わんばかりに、「日本語・日本文学科」などに取って代わっているが、やはり「国語学」には、「文献学」のイメージが色濃くあるために、特に現代語ばかりを扱っていた「日本語学」には相容れぬものがあったのであろう。今にして思えば、私の在学していた当時の「日本語学科」では、いわゆる「国語学」「日本語学」「言語学」の三者が拮抗するような形で存在しており、いい意味で、それぞれに独立したスタンスから薫陶を受けたように思う。

　私は大阪大学日本語日本文化教育センター（CJLC）に奉職し、かれこれもう 20 年余りになる。CJLC は、前身である大阪外国語大学留学生別科の時より 60 年以上にわたって、主として文部科学省の国費留学生に対する日本語・日本文化教育を行っているところである。ここでの教育経験を通じて悟ったことは、ひとことで言えば、語学教育で対象にしている「日本語（言葉）」と、言語研究で対象にしている「日本語（言葉）」とは、似て非なるものだということであった。このことは、研究者であれば、あるいは語学教師であれば、即座に首肯できることであろうが、一般世間での認知とは、かなり乖離してい

る事柄なのではないかと思われる。このことは、誤解を恐れずに言えば、いい言語学者であることと、いい語学教師であることは全く別ものだということである。

　語学教師をするうえで、言葉の仕組みについて造詣が深いはずの言語学者に足りないものは何であろうか。それは、思い切って言葉を切り取るという力、すなわち「言葉とはこういうものだ」と断定してしまう決断力ではないかと思われる。言葉とは何か、どういう仕組みで成り立っているのかは、考えれば考えるほどわからない。つまり、「わからない」ことがわかっているから決断ができない、というわけである。しかし、語学教師をするうえで必要なことは、「言葉とはこういうものだ」という客観的な構図であり、それが示せないと、言葉は教えられない。確かに、ある種の典型（あるいは主たるもの）とも言えるような「言葉の型」というものはある。話し手がそのような「型」を選択する典型的な（主たる）「意図」というものも観察されるから、語学教師は、「こういう場合にはこのように発話するのだ」ということを教えることはできる。

　しかし、もし、「言葉の型」があるとすれば、それは、人の数ほど無数にあると言ってもよいものである。なぜなら、「こういう場合に」どのような言語行動を取るのかといったこと自体が、各人の個性なのであり、同一人物においてさえ、言語行動そのものにも複数の選択肢があるからである。そして、さらに言えば、そもそも「こういう場合に」というときの、その「場合」に内包される事実からして、その認識内容に違いが生じるのが人間であるのだから、「型」などというものは際限なく存在することになる。人間の脳は、統一の規格で生産されたコンピュータではないことを考えれば、このことは当然と言えば

あとがき

当然のことかもしれない。

　言葉の世界に身を置く私にとって、幸いだったと思うことは、曲がりなりにも「言葉とは何か」について、自分なりの言葉で言い表せるようになったことではないかと思う。ただ、一方で、これとは矛盾することではあるが、言葉とは「一生かけても描ききれるものではない」ということにも気づいてしまった。しかし、だからこそ、言葉の研究というのは、未来永劫に興味が尽きることのないテーマであり続けるのだということも、思い知ってしまったわけである。

　最後になりましたが、

　本書が著せるようになるまでには、これまでに出会った多くの先生方、先輩、後輩、同僚の方々の多大な恩恵に与っています。残念ながら、そのすべてのお名前を漏れなく、正確に挙げられる自信もありませんので、そのお一人お一人のお顔を、今ここに思い浮かべながら、深く感謝申し上げたいと思います。

　また、本書は、平成26年度大阪大学教員出版支援制度によって刊行される運びとなったものである。大阪大学出版会の落合祥堯氏には、ひとかたならぬお世話になりました。独りよがりな記述にも丁寧にお目通しくださり、至るところでハッとするようなご教示をいただいたのみならず、ことある毎にポンと背中を押して励ましてくださいました。ここに記して、心より感謝申し上げます。

　そして、本当に最後になりましたが、

とにもかくにも、一番最初に、研究者として私をこの世に見いだしてくださり、今日に至るまで、あたたかく導いてくださった恩師の名だけは、ここに記しておくことをお許し頂ければ幸いです。

　三原健一先生に出会わなければ、今ここに、このように、存在することは決してありませんでした。深く畏敬の念を込めて、心より感謝申し上げます。

　　　　　2015年7月

　　　　　　　　　　　　　　　　　　　　　　　　荘司育子

荘司育子（しょうじ　いくこ）

1968年大阪府生まれ。大阪外国語大学外国語学部日本語学科卒業。大阪外国語大学大学院外国語学研究科日本語学専攻修士課程修了。大阪外国語大学留学生日本語教育センター助手・講師を経て、現在、大阪大学日本語日本文化教育センター准教授。

日本語の統語的原理
― 「収束」と「展開」 ―

2015年10月25日　初版第1刷発行　　　［検印廃止］

著　者　荘司育子

発行所　大阪大学出版会
　　　　代表者　三成賢次

〒565-0871　吹田市山田丘2-7
　　　　　　大阪大学ウエストフロント
TEL 06-6877-1614（直通）
URL：http://www.osaka-up.or.jp

印刷・製本　亜細亜印刷株式会社

Ⓒ Ikuko SHOJI 2015　　　　　　　　Printed in Japan
　　　ISBN 978-4-87259-516-1 C3081

Ⓡ〈日本複製権センター委託出版物〉
本書を無断で複写複製（コピー）することは、著作権法上の例外を除き、禁じられています。本書をコピーされる場合は、事前に日本複製権センター（JRRC）の許諾を受けてください。